ENTRE PALAVRAS E COISAS

CB130904

FUNDAÇÃO EDITORA DA UNESP

Presidente do Conselho Curador
José Carlos Souza Trindade

Diretor-Presidente
José Castilho Marques Neto

Editor Executivo
Jézio Hernani Bomfim Gutierre

Conselho Editorial Acadêmico
Alberto Ikeda
Antonio Carlos Carrera de Souza
Antonio de Pádua Pithon Cyrino
Benedito Antunes
Isabel Maria F. R. Loureiro
Lígia M. Vettorato Trevisan
Lourdes A. M. dos Santos Pinto
Raul Borges Guimarães
Ruben Aldrovandi
Tania Regina de Luca

ENTRE PALAVRAS E COISAS

MARIA SÍLVIA CINTRA MARTINS

Editora UNESP

© 2002 Editora UNESP

Direitos de publicação reservados à:
Fundação Editora da UNESP (FEU)
Praça da Sé, 108
01001-900 – São Paulo – SP
Tel.: (0xx11) 3242-7171
Fax: (0xx11) 3242-7172
Home page: www.editora.unesp.br
E-mail: feu@editora.unesp.br

Dados Internacionais de Catalogação na Publicação (CIP)
(Câmara Brasileira do Livro, SP, Brasil)

Martins, Maria Sílvia Cintra
Entre palavras e coisas / Maria Sílvia Cintra Martins. – São Paulo: Editora UNESP, 2002. – (PROPP)

Bibliografia.

ISBN 85-7139-414-8

1. Deleuze, Gilles, 1925-1995 2. Husserl, Edmund, 1859-1938 3. Linguagem – Filosofia 4. Platão 5. Saussure, Ferdinand de, 1857-1913 I. Título. II. Série.

02-4665 CDD-401

Índices para catálogo sistemático:
1. Filosofia da linguagem 401
2. Linguagem: Filosofia 401

Este livro é publicado pelo projeto Edições de Textos de Docentes e Pós-Graduados da UNESP – Pró-Reitoria de Pós-Graduação e Pesquisa da UNESP (PROPP) / Fundação Editora da UNESP (FEU)

Editora afiliada:

Asociación de Editoriales Universitarias de América Latina y el Caribe

Associação Brasileira de Editoras Universitárias

Aos jovens perguntadores e curiosos, que
não se satisfazem só com o poder das palavras,
mas querem um contato mais direto com as coisas.

MAIS UMA VEZ, AS PALAVRAS E AS COISAS

Podemos dizer que a linguagem é convencional, que não há uma relação direta entre palavras e coisas e que aquelas só fazem sentido dentro de um sistema de signos, em suas relações mútuas, com seus valores diferenciais.

Mas podemos também dizer que a percepção, as sensações, a imersão no mundo das sensações, com o aguçamento da intuição, o deixar emergir uma certa voz interna – tudo pode me conduzir a um sentido mais verdadeiro, em que, momentaneamente, ponho-me fora desse jogo de palavras convencionais e encontro para elas um sentido mais profundo. Nesse instante, é até possível que as palavras se aproximem mais das coisas, deixando de ser tão abstratas e convencionais. É o terreno do poeta, e também do místico e do filósofo.

As palavras com seu convencionalismo pertencem ao reino da Razão, mas, quando conseguimos aproximá-las novamente das coisas, recuperamos um pouco do Amor, do paraíso perdido.

Por isso tudo, é aproximando as palavras das coisas que podemos combater todo tipo de discurso ideológico, com seu caráter arbitrário e convencional.

Elevar-se até o ser não seria,
portanto, conhecê-lo pela análise
metafísica, nem explicá-lo ou
interpretá-lo através da linguagem científica.
Seria "habitar" nele, através da poesia.
(Heidegger)

O sentido é, pois, uma noção complexa:
sempre há uma pluralidade de sentidos,
uma constelação, um conjunto de sucessões,
mas também de coexistências,
que faz da interpretação uma arte.
(Gilles Deleuze)

O ideal seria que todas as palavras,
ou a maioria delas, fossem semelhantes,
isto é, apropriadas às coisas designadas;
o pior seria o contrário disso.
(Sócrates)

SUMÁRIO

PREFÁCIO

Dizer que o trabalho (minuciosamente camaleônico em seu aspecto de work in progress) de Maria Sílvia estabelece relações (aparentemente inusitadas, mas verdadeiramente cristalinas) entre domínios do saber supostamente estanques ou distantes seria omitir a dimensão de necessidade onde se exerce seu raciocínio. As relações desveladas neste trabalho estão dadas, apenas à espera da argúcia que as trará à tona – um tipo de argúcia que nestes tempos de interdisciplinaridade compulsiva é, no mais das vezes, simulacro, astúcia fácil – mas que aqui se apresenta em seu sólido caráter de verdade – Alétheia no seu sentido mais necessário. Verdade sólida, mas longe de ser dogmática, estática, esconderijo sombrio, mas dinâmica e esclarecedora, e com nuanças de brilho que constituem o encaixe de suas múltiplas conexões. O que, como veremos, não exclui a rara virtude da sobriedade.

Partindo de relações interessantes, reveladoras, ainda que numa certa medida explícitas – o que não quer dizer "à primeira vista" –, entre a lingüística de Saussure e a fenomenologia de Husserl (e, um pouco adiante, de Merleau-Ponty), Maria Sílvia, em seu percurso investigativo, rico em metamorfoses, foi ampliando, de versão para versão de seu trabalho, o âmbito de sua investigação. Suas aproximações com o Platão do Crátilo e, sobretudo, do Teeteto, que podiam parecer ousadas, se revestem de naturalidade, mesmo quando, "diacronizando" a temática, "o confronto entre Sócrates e Protágoras pode ser revisitado no confronto entre Austin e Ayer", como nos lembra Maria Sílvia.

Essa ampliação do âmbito – e do insight – nos conduz a uma perspectiva que vai além das questões que levaram Husserl, assim como Saussure, a obrigatoriamente desenvolver, de início, uma crítica cerrada daquela concepção que faz da "nomenclatura" a essência da língua, que nos faz reconhecer, tanto nas Investigações lógicas como no Curso, uma orientação comum antipsicologista que assenta na exigência de distinguir uma estrutura categorial abstrata subjacente às manifestações singulares da palavra e que, em particular, tendo, por assim dizer, a função de ossatura permanente, permite a correlação entre o significante e o significado, por baixo de todas as suas flutuações possíveis.

Sem prosseguir em tecnicalidades específicas, contudo, que poderiam espantar o leitor não iniciado no riquíssimo repertório de Maria Sílvia, que ela, no entanto – ao menos em sua maior parte –, consegue levar até o leigo (ou quase leigo), vamos, por último, lembrar que essa "diacronização" da temática é paralela a uma saudável promiscuidade discursiva entre o mythos e o logos, em que, ao lado de Platão, Saussure, Husserl, Austin e Foucault, vamos encontrar também um Fernando Pessoa vindo a calhar neste encontro imprescindível entre Apolo e Dioniso, imprescindível tanto para turistas, como para desbravadores dessa região tão essencial e inexplorada onde Maria Sílvia instalou seu posto de observação.

Raul Fiker

INTRODUÇÃO

Seja porque o início de um novo século nos convida para reflexões e retomadas, seja porque é próprio, mesmo, do pensamento humano avançar e recuar para poder avançar novamente, seja, talvez, apelo das Musas, quem sabe, tudo é possível neste momento em que já se falou em fim da história, em fim da filosofia, mas já ultrapassamos mais um possível marco de fim do mundo.

Sabemos o perigo que corremos ao remexer o baú, os papéis antigos e, particularmente, ao reconsiderar a questão da Dialética, muitas vezes acusada de produzir, apenas, um raciocínio falho e obscuro. A Dialética que, pela nossa visão do século XX, foi, muitas vezes, compreendida na equivalência com o materialismo dialético, o qual, agora, podemos vislumbrar melhor como apenas uma de suas inúmeras aventuras.

Foi Merleau-Ponty quem disse que a Dialética passa por diversas aventuras, já que é, por princípio, um pensamento que possui diversos centros e diversas entradas e só com o tempo poderá explorá-los todos. Assim, a idéia hegeliana, retrabalhada, depois, por Marx, da Dialética como união de contrários e sua superação, a de um todo estruturado em curso de desenvolvimento e de autocriação, a da passagem da quantidade para a qualidade seriam todas manifestações da Dialética, sem se confundir com sua essência.

Sabemos, também, da ousadia de estar transitando entre a lingüística e a filosofia, sujeitos a olhares e críticas de ambos os lados, mas o que queremos é o diálogo, sem a pretensão daquele que domina o conhecimento de cima de um pedestal. Além disso, como bem diz Deleuze, como evitar que escrevamos sobre aquilo que não sabemos ou que sabemos mal? Só escrevemos na extremidade de nosso saber e de nossa ignorância, é necessariamente nesse ponto que imaginamos ter algo a dizer.

Propomos revisitar a filosofia, no que diz respeito à linguagem, e a lingüística, a partir de seus fundamentos, estabelecendo um diálogo entre o que se disse e o que se diz, dentro do espírito próprio às retomadas dialéticas.

Mas trata-se, apenas, de alguns recortes: dois diálogos de Platão, o Teeteto e o Crátilo, que atravessamos por dentro com nossa linguagem, provocando, nesse percurso, novos diálogos, a sugerir que a história da filosofia acaba sendo a expressão da própria filosofia. É necessário lembrar que esses diálogos são fortuitos e se encontram em aberto, à espera – e no desejo – de outras vozes que se acrescentem e preencham as lacunas que foram deixadas, numa semiose infinda, aliás, típica de todo o trabalho com a linguagem. Na Parte II, incluímos um estudo a respeito do Curso de lingüística geral de Ferdinand de Saussure, no qual tentamos mostrar a presença de uma lógica dialética.

Ressalvamos, de antemão, a delicadeza que envolve o conceito do que seja, de fato, a Dialética, conscientes do alerta de Deleuze (1971, p.17), para quem o pluralismo tem, às vezes, aparências dialéticas, mas é, de fato, seu inimigo mais feroz. Uma relação, embora essencial entre o um e o outro, não basta para formar uma dialética: tudo depende do papel do negativo nessa relação. Para Nietzsche, a relação essencial de uma força com outra não se concebe como um elemento negativo, pois, nessa relação, a força tem por objeto outra força, afirmando sua própria diferença e desfrutando dessa diferença. Não é do negativo que a força extrai sua atividade; ao contrário, o negativo é que resulta dessa atividade, da existência de uma força ativa e da afirmação de sua diferença.

Há uma ilusão do negativo que subordina a diferença à forma da limitação e da oposição na dialética hegeliana: "Começa a longa história de uma desnaturação da dialética, história que tem como resultado Hegel e que consiste em substituir o jogo da diferença e do diferencial pelo trabalho do negativo. Em vez de se definir por um (não)-ser como ser dos problemas e das questões, a instância dialética é agora definida por um não-ser como ser do negativo" (Deleuze, 1988, p.423).

A falsa gênese da afirmação a partir do negativo veio substituir a complementaridade do positivo e do afirmativo, da posição diferencial e da afirmação da diferença. A mistificação do negativo acabou fazendo que se revertesse a intensidade própria da diferença, que passa a ser traída em seu poder de afirmação. As afirmações são afirmações de diferenças como idéias-problemas, multiplicidades problemáticas, pois é próprio da afirmação ser múltipla e afirmar a diferença.

Compreendemos que seja por esses motivos que Deleuze coloca Platão na origem, no cruzamento de uma decisão, na medida em que reconhece ter havido um deslizamento na passagem do mundo platônico para o mundo da representação, deslizamento que levou à sujeição da diferença às quatro dimensões próprias do mundo da representação: a identidade, a oposição, a analogia e a semelhança.

De toda maneira, não é possível, com seriedade, assumir uma posição antiplatônica, mesmo que se tenha consciência daquela vontade platônica de exorcizar o simulacro, que acaba trazendo consigo a submissão da diferença, dentro de uma motivação moral que será renegada por Nietzsche.

Há algo de insubstituível no platonismo que, paradoxalmente, é necessário vislumbrar para que se possa revertê-lo. Como afirma Deleuze, nos diálogos platônicos presenciamos um animal em vias de ser domado, mas o resultado ainda é precário, pois a mediação do mundo da representação ainda não adquiriu, neles, seu pleno movimento, em detrimento daquele movimento mais verdadeiro, mais original da dialética da diferença. O que há de insubstituível no platonismo é exatamente o que Aristóteles vai condenar: o método da divisão inerente à dialética da diferença.

Com tudo isso, principalmente para nós, que estivemos excessivamente imbuídos da dialética hegeliana, uma passagem pelo mundo platônico torna-se revitalizante e tem um efeito de depuração com relação ao conceito de Dialética, para que possamos penetrar melhor no pensamento de dialéticos da afirmação e da diferença, como Deleuze, e vislumbrar o esboço de uma Dialética da diferença no Curso de lingüística geral, de Saussure, particularmente no capítulo que concerne ao valor lingüístico, em que o lingüista suíço faz referência não só ao valor diferencial e negativo dos signos lingüísticos dentro do sistema, mas também a seu valor positivo e distintivo.

Se é possível, como acreditamos, detectar um pensamento dialético em Saussure, não se trata, de toda a maneira, daquela concepção hegeliana que envolve a contradição, a síntese, o autodesenvolvimento, a passagem da quantidade para a qualidade, e, além disso, necessita, para sua realização plena como pensamento dialético dinâmico e abrangente, de uma ampliação de sua conceituação básica do signo lingüístico.

Ao tocar na questão da Dialética, estamos chamando a atenção para a necessidade, que hoje se faz presente nas ciências humanas, da busca de modelos contínuos, se não em detrimento, como complemento dos modelos descontínuos.

PARTE I

Estrutura e Acontecimento. As palavras seguem esse
mesmo movimento que tudo rege, entre Apolo e Dioniso.
Há uma força que parece impedir, a longo prazo,
que elas possam dizer o que pretendem e apaga
o que havia nelas de memória, de vínculo com o real,
de conhecimento e de sabedoria. Tudo se desvanece e
perde o sentido progressivamente, mas, também,
continuamente o readquire. Como nós todos,
a girar... girar... girar... Algo nos joga para longe, num
movimento centrífugo, mas algo torna a nos atrair...

A TRAVESSIA

A dúvida é o fundamento de toda a filosofia. Não poderá haver filosofia onde não houver dúvida. Nesse sentido, o campo da certeza racional é avesso a toda a filosofia. Filosofar é levantar questões, é desconfiar de definições consagradas e, com isso, desconfiar das palavras.

Na Dialética, confirma-se essa vocação filosófica para o diálogo, para o questionamento constante, a mobilidade, o inacabamento. A lógica dialética faz que as próprias afirmações nesse campo já se dêem como negações parciais, como interrogações. Toda afirmação é apenas a abertura para um diálogo e o pressentimento de que o que se afirmou será negado, constituindo-se, nessa permanente sondagem, o prazer do filósofo.

A Dialética constitui, então, a constatação de que tudo muda, não há no mundo constância e, portanto, também não há certeza, nem verdade? Parece ser essa a concepção de Heráclito, quando dizia que não podemos entrar duas vezes no mesmo rio: já não seremos os mesmos, nem o rio, pois aquelas primeiras águas já se terão fluído na correnteza e estaremos imersos em outra água, em outro rio. Dessa ausência aparente de qualquer verdade definitiva, Protágoras extraiu sua concepção do homem como medida de todas as coisas, sendo impossível chegar a uma verdade única e sendo, por isso, todas as opiniões consideradas verdadeiras.

Mas, enquanto Heráclito afirmava que tudo muda, Parmênides defendia a existência de uma verdade única, homogênea, em que residiria o autêntico campo do real, por trás de toda aparente heterogeneidade. A essa verdade única deveríamos aspirar.

Em seu desdobramento subseqüente, a Dialética vai se alimentar dessas duas concepções, trabalhando-as, interligando-as, buscando uma síntese (sempre precária) ou um ponto de tensão entre o Uno e o Móvel.

Compreender esse diálogo e apreender essa dialética envolve algumas iniciações. Se a filosofia é a arte da dúvida, então, para atravessar esse pórtico, é necessário despir-se de preconceitos e trazer uma disposição para escutar o filósofo e participar de seu questionamento, sem a pretensão de quem vem de um mundo mais evoluído escutar conversas do passado. Também essa união entre o Uno e o Móvel envolve uma união entre presente e passado, uma abolição momentânea das fronteiras da história para trazer as palavras do passado em sua força de proferição atual.

Participemos, assim, do diálogo que se trava no Teeteto, sujeitemo-nos ao trabalho de parto junto com o jovem Teeteto, não, porém, com a expectativa de sairmos dali cheios, plenos de conhecimento, mas para, humildemente, sairmos dali vazios e satisfeitos, pois é a isso que o filósofo nos convida.

Acompanharemos o debate cerrado a respeito da questão "O que é conhecimento?" e chegaremos ao final desprovidos de qualquer resposta acabada, mas esse percurso que efetuamos já não foi, em si, conhecimento? É isso que Platão quer nos oferecer como resposta, que o conhecimento é esse percurso de perguntas e respostas, esse diálogo, às vezes estonteante, que nos deixa perplexos ante a constatação de que o que parece, num momento, ser verdadeiro e transparente, muito rapidamente se transforma em falácia, em ilusão, deixando-nos, mais uma vez, com as mãos vazias?

Desatentos, como via de regra nos encontramos, é possível que deixemos, também nisso, nos iludir, concluindo, apressadamente, que o diálogo não se fecha, permanece em aberto, sem resposta para a questão inicial. O que é, no entanto, fechar questão para a Dialética? Deixamos de decifrar o enigma que a esfinge nos propõe, porque, inadvertidamente, já trouxemos, para o encontro, respostas prontas, decoradas, e não é isso que ela exige de nós, particularmente para esse encontro, com o conhecimento.

A Dialética manifesta-se de diversas formas no Teeteto. Primeiramente, pela própria forma dialógica como se dá, mas esse é apenas seu aspecto mais aparente. Também por essa maneira que chamaríamos de inacabada, mas que, para a lógica dialética, é sua forma de acabamento. ("O problema como problema é completamente determinado, sendo-lhe próprio ser diferençado, na medida em que é referido a suas condições perfeitamente positivas – embora não esteja ainda 'resolvido', e permaneça, assim, na indiferenciação" – Deleuze, 1988, p.441). As perguntas e respostas vão se dando numa sondagem contínua e tudo o que se afirma é apenas uma verdade momentânea, a ser prontamente negada. Parece não haver verdade, só aparência de verdade (diríamos: efeitos de sentido, estados veridictórios). De toda maneira, para compreender a Dialética, da forma como se manifesta em Platão, é importante ficarmos atentos, não apenas para essa mobilidade (característica, sem dúvida, da Dialética), mas, também, para tudo o que houver de uno, de estável, de homogêneo, num trabalho constante entre o uno e o múltiplo, entre o móvel e o estável. Extraviaremos, se nos detivermos a apenas um desses lados.

O predicado já se encontra no Sujeito e, nesse sentido, todo o diálogo e toda a busca de definição podem parecer vãos. No limite, a vida é vã, a história é vã, conclusões desesperadoras a que pode levar o pensamento analítico e unilateral. Mas, com a Dialética (e com certo pensamento oriental), é possível encontrar prazer no vazio, o nada é tudo e a sabedoria reside em nada conhecer – pelo menos nada daquilo que as pessoas se comprazem em dizer que conhecem. É preferível estar vazio, a imaginar saber o que não se sabe.

Voltemos, no entanto, ao início do diálogo, pois essas já são conclusões finais. A primeira seqüência de perguntas e respostas entre Sócrates e Teeteto, envolvendo um questionamento sobre o que seja o conhecimento, traz, em si, algumas implicações. À pergunta inicial de Sócrates, Teeteto enumera uma série de conhecimentos possíveis: tudo o que se aprende é conhecimento, a geometria, como a arte dos sapateiros. Com ironia, Sócrates faz perceber que esses são objetos de conhecimento, conhecimentos particulares, mas não respondem à pergunta do que é, em si mesmo, o conhecimento.[1]

Curiosamente, Sócrates estabelece a comparação com uma definição corriqueira sobre o que seria "lama", que não poderia incluir uma enumeração das utilidades da lama, mas deveria, simples e diretamente, sem rodeios, afirmar que lama é terra molhada. Teeteto deduz, dessa explicação, que se trata de encontrar para o conhecimento uma designação única, que sirva para todas as suas derivações, assim como viu ser possível, em geometria, chegar-se a denominadores comuns. Porém, não vê como aplicar essa noção geométrica para o conhecimento, e parece desanimar.

Antes de seguirmos para sua segunda tentativa de definição, olhemos, mais de perto, o que se passou nessas falas e no que elas podem elucidar nossas dúvidas ou, melhor do que isso, dissipar nossas convicções.

O pensamento dialético está, aqui, à procura de uma essência, de algo uno, universal, que se manifeste através das particularidades. Não se satisfaz com uma definição enumerativa, particularizante. Aqui, como em outros momentos, veremos uma aproximação com o conhecimento vulgar, corriqueiro, da vivência do dia-a-dia do ser humano e, nesse sentido, podemos perceber que essa busca da essência envolve uma busca de aproximação entre palavras e coisas. A definição de lama como terra molhada não é, afinal, uma forma sensorial, em relação direta com o mundo das coisas naturais, de elaborar uma definição? Por fim, é necessário notar a dificuldade de Teeteto em transferir, para o campo da epistemologia e da linguagem, o mesmo raciocínio abstrato e analítico que se mostrou eficaz na geometria.

---

1 Vygotsky (1993, p.69) mostrará, em seu estudo da formação dos conceitos nos adolescentes, que esse tipo de definição é um resquício do pensamento por complexos, denunciando uma dificuldade para formular conceitos em palavras: "O adolescente formará e utilizará um conceito com muita propriedade numa situação concreta, mas achará extremamente difícil expressar esse conceito em palavras ... descia, freqüentemente, a um nível mais primitivo de pensamento ao dar uma definição verbal do conceito, e começava simplesmente a enumerar os diferentes objetos aos quais o conceito se aplicava em um determinado contexto".

Incitando Teeteto a não desanimar, Sócrates discorre sobre sua arte de partejar, que desperta e acalma dores de parto, auxiliando os jovens a descobrirem e porem no mundo coisas belas, sem que, no entanto, ele próprio seja dono de qualquer sabedoria, nem capaz de inventar um só pensamento. É nessa convivência, no entanto, que muitos progridem, embora não se possa dizer que aprenderam qualquer coisa com ele. É o "só sei que nada sei", muito diferente da vaidade daqueles que encontram satisfação em tudo atribuir a si próprios. Aquele que nada sabe se enaltece de um conhecimento que, de fato, não possui, enquanto o sábio sabe que não possui, mesmo, nenhum conhecimento, e nada tem de que possa se envaidecer.

Também nesse ponto, é necessário identificar uma lógica dialética, de tal forma que o tão repetido "só sei que nada sei" não adquira, para nós, apenas aquele sentido comum, de que não sei nada, da impossibilidade do conhecimento. Dentro de uma ótica dialética, temos a identificação de saber e não saber: saber é não saber. ("É um erro ver nos problemas um estado provisório e subjetivo, pelo qual nosso conhecimento deveria passar em razão das suas limitações de fato. É este erro que libera a negação e desnatura a dialética, substituindo o (não)-ser do problema pelo não-ser do negativo." – Deleuze, 1988, p.441)

Tudo se liga nesse diálogo denso em que cada detalhe adquire sentido na composição do todo, apesar de essa composição perfeita conduzir a uma conclusão final de impossibilidade. À medida que vamos percebendo essa harmonia que nada dispensa, advertimos para certas minúcias que pareciam sem importância. Será necessário retomar a introdução, em que um diálogo entre Terpsião e Euclides proporciona a abertura para a apresentação do diálogo entre Sócrates e Teodoro (para então este, após falar de Teeteto, apresentando suas qualidades intelectuais e suas características físicas em sua semelhança com Sócrates, chamar o jovem para o diálogo com o filósofo).

Afinal, qual é a verossimilhança desse diálogo que conhecemos por meio de um relato de Euclides a Terpsião e que aquele haveria presenciado e depois redigido de memória, com auxílio de algumas consultas ao próprio Sócrates? O que é conhecimento?

Isso é sonho? É realidade? A nossa lembrança dos fatos dá-se em sua mesma força de realização? O conhecimento é possível se a memória for fugidia?

As características físicas de Teeteto, conforme são apresentadas por Teodoro – nariz chato, olhos saltados, parecido com o próprio Sócrates –, parecem ser mero enfeite da narrativa, mas veremos que serão retomadas no final, quando Sócrates falar que o conhecimento dá-se pelas diferenças e que só será possível fazer uma idéia perfeita de Teeteto se essa forma achatada de nariz se diferençar de todos os outros narizes chatos, provocando uma impressão característica, diferencial. É partindo de semelhanças que chegamos a diferenças e, mais uma vez, chama a atenção a atitude do filósofo que busca uma aproximação do mundo das coisas naturais, do mundo sensível, para melhor precisar suas conceituações.

Em princípio, Sócrates e Teeteto são apenas semelhantes e Sócrates compraz-se na proximidade do jovem, pois é como se, assim, pudesse contemplar-se e conhecer seu próprio rosto. Mas, logo, essa parecença é posta em questão e duvida-se do conhecimento de Teodoro a esse respeito, concluindo-se que não se lhe pode atribuir credibilidade. Do silêncio, faz-se o diálogo que deve, de preferência, conduzir ao vazio, à expulsão de todo pretenso conhecimento. Da ilusão de semelhança, chegamos à diferença, mas esta, também, pode ser apenas ilusória.

Acompanhemos a segunda tentativa de Teeteto para definir o que é conhecimento. Instado por Sócrates a definir o que é o conhecimento em si mesmo, ou seja, na sua essência e não nas particularidades, Teeteto diz, agora, que conhecimento é sensação, a definição de Protágoras: as coisas são para mim conforme me parecem. Após uma longa consideração das implicações dessa concepção, chegam à conclusão de que, de fato, sensação e conhecimento são processos diferentes, pois a pura sensação não nos pode conduzir à verdade, à essência. Mais uma vez, determinam o que o conhecimento não é, sem serem, ainda, capazes de definir o que vem a ser, mas veremos, ao final, que esse procedimento de negação, no que contém de diferenciação, já faz parte da definição de conhecimento. Se conhecer é reconhecer diferenças (o que, de fato, como veremos mais tarde, já seria uma tautologia), então é no contraste com tudo aquilo que não é conhecimento que vamos chegando ao ser do conhecimento.

Retomemos, no entanto, alguns detalhes que fazem parte da refutação da tese de Protágoras. Mais uma vez, o filósofo apela para vários elementos do mundo sensível, numa aproximação entre palavras e coisas, para melhor compreender o que é sensação, como ela se dá e no que difere do conhecimento. É necessário, de toda maneira, estarmos atentos para a negação dialética, em que nem tudo é completamente rejeitado. Nega-se, particularmente, a identificação entre sensação e conhecimento, mas parte da dialética tradicional será reaproveitada na nova conceituação que se propõe. O Teeteto é um momento dialético de superação e de devoração de uma conceituação dialética por outra.

Vejamos o que é afirmado pela dialética tradicional, que tem, entre seus defensores, Heráclito e Protágoras: nenhuma coisa é una em si mesma. Tudo se forma a partir do movimento e da mistura das coisas entre si. A rigor, nada existe, tudo devém. O movimento é a causa de tudo o que devém e parece existir, e o repouso, a do não-ser e da destruição. O repouso estraga e destrói, e o seu contrário conserva. Princípios iniciais da Dialética: o movimento e a associação deste com a idéia de existência e de conservação. É do movimento que o ser tira sua existência, e o que se conserva, conserva-se porque se move. É porque há mudança que há conservação. (É na filosofia de Heráclito que Nietzsche vai encontrar elementos para combater tanto a concepção platônica – com seu moralismo e a exorcização do simulacro – quanto a hegeliana, com sua ênfase na gênese a partir do negativo. Para Heráclito, o ser não tem existência para além do devenir, para além do múltiplo, nem o devenir são aparências, ou ilusões. O múltiplo é a afirmação do uno; o devenir, a afirmação do ser. O uno é o múltiplo. Nietzsche vai desenvolver, a partir dessa concepção, o conceito do eterno retorno: Retornar é a essência do que devém, é o ser que se afirma no devenir, a lei do devenir. – cf. Deleuze, 1971, p.39)

Através da aproximação entre palavras e coisas, Sócrates vai questionar as implicações dessa concepção, no que concerne à noção de conhecimento, pois, levando às últimas conseqüências a tese de Protágoras do homem como medida de todas as coisas, não poderíamos afirmar nem do branco se ele é branco, pois as cores não estariam nos objetos, mas dependeriam, sempre, de meu olhar, que nunca permaneço igual a mim mesmo. Resultaria uma visão relativista, totalmente movediça, dando margem para todo malabarismo da linguagem em que a língua ficaria a salvo da censura (pois a lógica da argumentação permaneceria intocada), mas não o espírito. É o terreno apropriado para os sofistas. (O confronto entre Sócrates e Protágoras pode ser revisitado no confronto entre Austin e Ayer. – cf. Austin, 1971)

Considerando seis ossinhos de jogar, se a seu lado pusermos mais quatro, os seis serão em número maior que os quatro, mas se, em vez disso, adicionarmos doze, então passarão a ser em número menor. Pode tornar-se maior ou mais numerosa alguma coisa sem vir a ser aumentada? Embora, por puro raciocínio lógico, argumentativo, possamos conduzir a verdade para um lado ou para o outro, é no contato com o real que podemos evitar todo desvario, na convicção de que uma coisa a que nada se acrescente e de que nada se tire não aumentará, nem desaparecerá: continuará sempre igual. Sócrates apresenta três postulados com os quais vai rebater a tese de Protágoras: nada pode aumentar, enquanto se mantiver igual; tudo permanecerá igual, se nada lhe for acrescentado, nem tirado; tudo o que existe, existe porque se formou. São três postulados que entram em contradição com a visão relativística que verá diferença nas coisas pela maneira com que se relacionam umas com as outras, podendo vir a ser maiores ou menores, de acordo com o parâmetro de comparação, sem que haja, no entanto, modificação real nas suas naturezas.

Teeteto fica perplexo, chega a ter vertigens diante desse paradoxo e é elogiado por Sócrates que diz residir nisso, na perplexidade, a natureza da filosofia. Pede para o jovem vigiar, pois lhe estarão sendo revelados segredos que só dizem respeito aos iniciados, aos que sabem acreditar, também, naquilo que não se vê, diferentemente dos outros, estranhos às Musas, que só acreditam no que podem segurar com as duas mãos.

Sócrates prossegue, oferecendo, como diz, ao paladar de Teeteto, a opinião dos sábios e recorrendo a encantamentos, à medida que ajuda o jovem, no trabalho de parto, a dar à luz sua própria opinião. Mostra-lhe toda a lógica da concepção de Protágoras, de que se conclui que minha sensação é verdadeira para mim, o que leva à identificação necessária entre conhecimento e sensação. Teeteto não encontra como discordar.

Com ironia, Sócrates esclarece o paradoxo inerente a essa tese, pois se, de fato, considerarmos que o homem é a medida de todas as coisas e que, nesse sentido, toda a opinião é verdadeira, a concepção de Protágoras só seria verdadeira para ele mesmo, não passando, portanto, de frase de efeito.

Insatisfeito, porém, apenas com esse paradoxo como forma de refutação da tese sensacionista, Sócrates passa a analisá-la por outros ângulos. Recorre ao argumento da memória: se conhecemos aquilo que sentimos, que percebemos, o que sabemos de memória não é conhecimento? Se ver e saber se equivalem, não ver será o mesmo que não saber. (Indiretamente, esse argumento põe em questão o próprio diálogo diante do qual nos encontramos, e que foi escrito de memória.)

Tendo, assim, refutado, de duas maneiras diferentes, a tese de Protágoras, Sócrates assume, agora, a posição deste e simula uma defesa, de tal forma que a refutação não aconteça de forma rápida e leviana, sem dar chance ao adversário de se defender. Argumentando em favor de Protágoras, na medida em que assume sua posição, defende que, de fato, o homem é a medida de todas as coisas e que todas as opiniões, como sensações, são verdadeiras, o que não impede que possam ser melhoradas por intermédio de homens sábios, possuidores do senso da beleza e da justiça. Com base nisso, propõe que haja um aprofundamento na teoria de Protágoras, no sentido da investigação dialética, e não apenas com intenção de refutá-la pelo recurso ao sentido usual das expressões e dos vocábulos. Uma investigação, um mergulho fenomenológico que traga à tona a conclusão sobre a questão de sensação e conhecimento serem, de fato, idênticos ou diferentes.

Tomando, agora, Teodoro como interlocutor, volta à proposição inicial de que o que aparece para cada pessoa é, realmente, tal qual lhe aparece e, mais uma vez, mostra o paradoxo dessa observação, pois acaba voltando contra si própria, afirmando a falsidade de sua verdade, na medida em que admite que as demais opiniões são verdadeiras. Dessa vez, em lugar de atacar a tese de

Protágoras com elementos tirados de fora, passa a destruí-la por dentro, servindo-se de seus próprios argumentos.[2]

Sócrates passa a investigar, a partir da tese em questão, se seria possível afirmar que não há diferença entre sábios e ignorantes, entre verdade e falsidade. Teremos que concluir, sempre, que a opinião do outro é verdadeira? Ou seria necessário dizer, contraditoriamente, que certa opinião é verdadeira para mim, embora falsa para os demais? Se Protágoras afirma que o homem é a medida de todas as coisas e que todas as opiniões são verdadeiras, e se a maioria das pessoas passar a contestar sua opinião, então, a partir de sua tese, ele próprio terá que aceitar a opinião dos opositores como verdadeira, o que conduzirá, necessariamente, à falsidade de sua convicção. O relativismo da tese de Protágoras traz, em si, sua contradição. Postulando que não há verdade absoluta, acaba provando a falsidade de sua proposição. (Lembremo-nos de como é atual esse debate acerca do relativismo, presente, de resto, hoje, nas ciências humanas, particularmente no que concerne à interpretação. É como se as mesmas questões estivessem sempre de volta. Mas, para a Dialética, esse mesmo nunca é exatamente igual.)

Um outro critério para derrubar a concepção sensacionista dá-se a partir de um ponto de vista pragmático. Por um lado, se é fato que tudo é como se nos parece (quente ou frio, doce ou amargo), esse conhecimento nem sempre se provará verdadeiro na prática, uma vez que, por exemplo, no caso de uma doença, a minha noção particular de verdade poderá ser incapaz de determinar o que me é salutar. Da mesma maneira, na política, se podemos, por um lado, a partir desse relativismo, afirmar que o que cada cidade declara ser legal, será verdadeiro para ela, não poderemos, na mesma medida, asseverar que tudo o que determinada cidade legisla será, infalivelmen-

---

2 Deleuze (1988) refere-se a duas maneiras de reverter a lei moral: uma, irônica, em que a ironia comparece como arte dos princípios, de ascensão aos princípios para revertê-los. Denuncia-se, na lei, um princípio de segunda mão que desvia ou usurpa uma potência original. A outra maneira pertence ao humor e significa uma descida às conseqüências em que se simula uma submissão: uma alma falsamente submissa chega a alterar a lei, o que acontece em todas as demonstrações por absurdo. O humor e a ironia são dois procedimentos inerentes à repetição, que é, por natureza, transgressão.

te, vantajoso, embora lhe pareça de proveito. (Sentimo-nos, aqui, próximos da prova de realização de Leibniz, que vai ecoar em Austin, Wittgenstein, na Escola de Oxford e na Pragmática.)

Assim, a tese de Protágoras só pode parecer verdadeira aos que não a estudam até suas últimas conseqüências, defendendo, sem investigá-lo a fundo, que nada é verdadeiro ou falso, justo ou injusto por natureza.

Nesse instante do diálogo, fazem uma digressão, considerando que os filósofos podem investigar a fundo a natureza da verdade, pois lhes sobra tempo, diferentemente dos que só falam com tempo marcado, premidos pelas exigências cotidianas da vida. Além disso, estes sempre combatem em razão de interesses pessoais, carecendo de imparcialidade, o que os leva, cedo ou tarde, ao terreno da injustiça e da mentira.

Por outro lado, o filósofo, ao se distanciar da futilidade da vida corriqueira, muitas vezes acaba perdendo a noção da realidade e, sem conhecer, de fato, quem é o homem, traça definições a seu respeito. Por sua falta de experiência e de habilidade prática, é muitas vezes ridicularizado pelo homem comum. Contrasta-se, assim, o filósofo e o homem comum, sendo cada um deles posto em posição ridícula, se tiver que ocupar o lugar do outro. Embora esse trecho aparente ser de pura digressão, é possível ver nele uma exemplificação para as conseqüências a que pode levar a tese de Protágoras, antes de derrubá-la completamente. É como se se estivesse demonstrando a situação a que o relativismo conduz, pois justificaria a ridicularização da postura do filósofo.

Nesse ponto, Sócrates passa a apontar para a necessidade de um critério uno de verdade, centrado em Deus e na sua justiça, indicando, assim, em meio a uma digressão, o critério de verdade que julga necessário defender, no combate de todo relativismo.

Voltando à questão das leis que uma cidade promulga, torna a considerar que seria ridículo supor que toda lei é verdadeira e justa, enquanto não for abolida. Propõe, nesse sentido: "Não falemos, pois, do nome, mas apenas da coisa por ele designada",[3] como

---

3 Frase que ecoa em outra, esta de Saussure (1975, p.22): "Cumpre notar que definimos as coisas e não os termos...".

sempre almejando uma aproximação entre palavras e coisas para chegar ao discernimento da verdade. Levando-se em consideração, não as leis em si mesmas, mas o proveito a que se visa por meio delas (numa visão pragmática), não há como afirmar que os legisladores sempre acertam. Dentro de uma orientação utilitária, é inegável o reconhecimento do acerto e do erro.

Pode-se acrescentar a esse critério pragmático, utilitário, uma visão temporal, e, mais ainda, o relativismo de Protágoras se revelará falho: se o homem é a medida de todas as coisas, é de supor que essa verdade possa se projetar no tempo, valendo, também, para o futuro nossas convicções: tudo deverá se passar tal como imaginamos que se dará? Também nesse ponto, parece ficar clara a diferença entre sábios e ignorantes, sendo mais fidedignas as opiniões dos primeiros. Assim, a tese de Protágoras pode ser, até certo ponto, aceita, no que concerne ao tempo presente, mas parecerá frágil numa projeção para o futuro.

Teodoro opina sobre os defensores das doutrinas heraclitianas, que se empenham em não deixar que nada se estabilize nos seus discursos. Em coerência com a lição de seus próprios escritos, estão sempre em movimento e combatem tudo o que possa se revelar estacionário. Sócrates apresenta, em contraposição, a visão de Parmênides, para quem tudo se mantém imóvel em si mesmo. Propõem-se, assim, a investigar a fundo as duas concepções.

Partindo de uma definição do que é movimento e indicando dois tipos de movimento, o de translação (mudança de lugar ou de posição) e o de alteração (mudança de estado), reconhecem que, se tudo, de fato, muda constantemente em todos os sentidos, é impossível afirmar o que é determinada coisa. No instante mesmo em que designamos algo, esse algo nos escapa e, assim, Sócrates propõe, ironicamente, que os defensores dessa teoria carecem de uma linguagem nova, pois não existem expressões para traduzir sua hipótese, a não ser a fórmula "de nenhum modo". No limite da aporia, ver e não ver se equivalem, conhecimento será não-conhecimento, pois tudo é móvel, tudo passa instantaneamente.

Sócrates abstém-se de analisar a tese de Parmênides, para quem tudo é imóvel, alegando temer que lhe escape o sentido profundo dessa doutrina. A partir desse momento, retoma o diálogo com

Teeteto no seu trabalho de parto do conhecimento. Buscando, ao que parece, algo de mais permanente na relação do ser humano com o mundo, interroga o jovem a respeito da maneira com que o homem sente o mundo: com que o homem vê o branco e o preto e com que ouve o agudo e o grave? Embora reconheça que, muitas vezes, o zelo excessivo com a precisão da linguagem mostra servilismo, admite que, em certos casos, é necessário precisão, e esclarece: vemos com os olhos ou por meio dos olhos? Aponta, já, para uma resposta: as sensações não podem estar apinhadas em nós, sem se relacionarem com uma idéia única, que poderíamos denominar alma e que é usada como instrumento, ponto de convergência para a percepção. Deve haver, em nós, um princípio, sempre igual, com o qual, pelos órgãos do sentido, percebemos o real. (Não estaríamos, agora, perto da Fenomenologia de Husserl?)

A percepção comum que temos das coisas não se atinge nem só por meio de um sentido, nem só por outro. De onde vêm nossas noções de semelhança e de dessemelhança, de identidade e de diferença? Teeteto conclui que, nesses casos, é a alma sozinha e por si mesma que investiga, por meio dos órgãos do sentido. É a alma que investiga o ser, nos aspectos que abrangem o semelhante e o dessemelhante, o idêntico e o diferente, o belo e o feio, o bom e o mau, comparando-os em suas relações recíprocas e com os fatos passados, presentes e futuros. As sensações de dureza ou de moleza são percebidas pelo tato, mas a essência e dualidade desses fatos, sua oposição recíproca, a essência dessa mesma oposição é a alma que procura discernir, voltando a considerá-las e confrontá-las.

Chegam, com isso, a uma aproximação entre essência, verdade e conhecimento. Só quem consegue relacionar as sensações com a essência pode atingir o conhecimento, e isso exige tempo, trabalho, estudo, raciocínio. Concluem, assim, definitivamente, que conhecimento e sensação não podem ser a mesma coisa e prosseguem no seu questionamento: se conhecimento não é sensação, então o que é conhecimento?

Teeteto arrisca uma resposta: conhecimento é a opinião verdadeira. Percebemos, nesse ponto da argumentação, um movimento circular, também característico da Dialética, pois a investigação dá-se por avanços e recuos, com retomadas dialéticas. Sócrates já havia avançado uma aproximação de conhecimento com a essência e com a percepção de diferenças e, agora, quando Teeteto afirma que conhecimento é a opinião verdadeira, presenciamos um certo recuo para uma posição relativística, antes do final, em que a identificação do conhecimento com as diferenças será aprofundada.

Diante da definição de Teeteto, Sócrates passa a investigar o que seria uma opinião falsa, como ela se forma. Parece derivar de um equívoco de quem confunde duas coisas no pensamento e afirma que uma é outra. Para isso, propõe uma definição de pensamento: um discurso que a alma mantém consigo mesma acerca do que quer examinar. A alma formularia uma espécie de diálogo para si mesma, com perguntas e respostas, ora para afirmar, ora para negar. Quando emite algum julgamento e nele se fixa, forma uma opinião. Assim, formar opinião é discursar, o que levaria ao paradoxo de se ter que supor que quem tem uma opinião falsa formula para si um pensamento em que toma uma coisa por outra, dizendo, para si mesmo, que uma coisa é outra.

Dessa maneira, Sócrates conduz Teeteto à conclusão de que é impossível que a opinião falsa se dê, assim, pela formulação de um pensamento falso de alguém para si mesmo, pois, se julgar é discursar para si mesmo, não haveria quem, ao falar de dois objetos ou imaginá-los, fosse capaz de dizer ou imaginar que um é outro. Desse modo, não podemos definir a opinião falsa como troca de representação.

Mais uma vez, chamamos a atenção para a maneira irônica como o diálogo do Teeteto se constrói, num movimento auto-reflexivo, pois é comum, às investidas de Sócrates, o jovem responder – como se deu nessa passagem que acabamos de acompanhar – "sou dessa mesma opinião". Como estão, afinal, se formando e se reformulando as opiniões de Teeteto? A opinião anterior que ele tinha a respeito de conhecimento como sensação, como se formara? Havia sido uma troca de representação? Seriam palavras e discursos que ele estava reproduzindo de forma imitativa, manuseando conceitos sem tê-los apreendido em profundidade, procedimento próprio das crianças e adolescentes, mas que continua guardando seus resquícios no pensamento adulto? Algo que Paulo Freire concebe, na linha do pensamento hegeliano, como a "sombra" dos opressores que se instala nos oprimidos? Veremos, mais adiante, que Sócrates não responde, de forma conclusiva, a essa questão que envolve a formação de "opiniões falsas", mas dá a entender sua origem heterogênea.

Tendo negado que a opinião falsa possa derivar de uma troca de representação, Sócrates reconhece encontrarem-se num cipoal, pois essa negação poderia conduzir a uma série de absurdos. Só encontra uma saída para essa perplexidade: admitir que é possível tomar-se o que se sabe pelo que não se sabe, hipótese que havia negado anteriormente em termos lógicos, argumentativos, dizendo que não se concebe que quem sabe não saiba, e o inverso, saiba quem não sabe.

Retoma, assim, a questão em outros termos, provando, com isso, que nem tudo se deduz ou se manifesta verdadeiro ou falso apenas a partir de um raciocínio lógico, analítico. Propõe que partam de uma suposição: na alma haveria um cunho de cera (imagem emprestada a Homero), numas pessoas, maior, noutras, menor, e de diferentes consistências. Seria uma dádiva de Mnemosine, mãe das Musas, em que calcaríamos nossas impressões, nossas sensações ou pensamentos, guardando-os na lembrança, na memória. Haveria opinião falsa quando não houvesse ajuste perfeito entre as sensações atuais e as marcas impressas nessa cera. É possível que a impressão visual de alguém se aplique sobre a marca de outro, havendo equívoco. Do que foi dito, deduz-se que só seria possível formar-se opinião falsa das coisas que conhecemos, não sendo possível enganar-se do que nunca se soube, nem se percebeu.

Mas Sócrates mostra-se, ainda, insatisfeito com essa conclusão, apesar de toda sua aparência de verdade. Para Teeteto, o diálogo já estaria terminado, concluindo-se que existem opiniões falsas e verdadeiras e que elas não se originam, nem das relações recíprocas das sensações, nem dos pensamentos entre si, mas do ajustamento entre a sensação e o pensamento.

O sábio leva, no entanto, Teeteto a admitir que a opinião falsa difere do desajuste entre pensamento e sensação, pois, caso contrário, jamais nos enganaríamos em nossas cogitações, quando estas se dão independentemente de qualquer sensação. De duas uma: ou não há opinião falsa, ou é possível não saber-se o que se sabe.[4]

Novamente, o diálogo volta-se sobre si próprio, num movimento auto-reflexivo, e nos pega desprevenidos, como a Teeteto. Sócrates adverte que, desde o início, viemos investigando o que é o conhecimento, como se ignorássemos sua natureza. Como podemos demonstrar o que quer que seja, se, em princípio, desconhecemos o que seja conhecimento? Essa inconsistência aplica-se às próprias palavras que, inadvertidamente, utilizamos, como "conhecemos", "não conhecemos". Vamos nos aproximando, com isso, da questão que envolve os termos primitivos, e é como se o diálogo já estivesse lançando uma laçada para a frente, para depois recuar e tornar a avançar, num movimento circular, ou em espiral, próprio da Dialética.

Nesse momento, Sócrates propõe-se, para elucidar a questão, a investigar o que seja o saber, tentando, com isso, livrar-se do impasse a que chegaram. Ironicamente, observa que, por serem uns pobres diabos, vai se arriscar a definir o que é saber, mesmo reconhecendo que sua terminologia é inconsistente, e refere-se àqueles, amigos de disputas, que criticariam severamente as expressões de que se vale. Mas, de fato, o que vislumbramos nessa passagem, mais uma vez, é a diferença entre a lógica dialética – que se faz assim mesmo, por avanços e recuos e pode, portanto, avançar, buscando elucidações posteriores para seu campo de investigação, pois nada fica propriamente para trás, os fundamentos não se localizam embaixo – e a lógica do pensamento analítico, formal, que, de forma indireta, está sendo constantemente combatida, na medida em que se apontam as aporias a que conduz. Podemos dizer, assim, que o diálogo do Teeteto dialoga, interdiscursivamente, com a lógica formal, de maneira mais, ou menos, explícita, além, é claro,

4 Dentro de uma visão marxista, Paulo Freire (1978, p.30) atribui uma dimensão histórica a esse "não saber-se", como desumanização: "A desumanização, que não se verifica, apenas, nos que têm sua humanidade roubada, mas, também, ainda que de forma diferente, nos que a roubam, é distorção da vocação do sermais", vocação que, para Heidegger (1999), apareceria, no ser humano, como antecipação de suas próprias possibilidades, como desafio ao seu poder de tornar-se o que deseja. O verdadeiro ser consistiria, assim, em objetivar aquilo que ainda não se é.

de dialogar de forma direta com a Dialética tradicional, de Heráclito, Protágoras e outros. Assim, sua verdade vai se formando nesse embate, num espaço denso em que as palavras se cruzam, vindas de várias direções: o filósofo é como um espadachim defendendo-se dos golpes que vêm de todos os lados dessa arena e o seu escudo é a dúvida dialética que tudo rebate e corrói. Saber é não saber.

Retomando a tentativa de definição do que é conhecimento, já que para definir o que seja saber ou o que seja uma opinião falsa acabam sendo reconduzidos a essa dúvida inicial, Teeteto reafirma que conhecimento é a opinião verdadeira. Nesse momento, em vez de decidir o que seja uma opinião verdadeira em contraste com uma opinião falsa, já que abandonaram, provisoriamente, essa questão, Sócrates passa a analisar o que é aceito comumente como opinião verdadeira. Seja, por exemplo, o caso dos tribunais, em que um juiz forma uma opinião verdadeira e sentencia com base em depoimentos de testemunhas, sem conhecimento.

Teeteto acrescenta, então, que conhecimento é opinião verdadeira acompanhada de explicação racional. As coisas que não encontram explicação não podem ser conhecidas. Chegamos, agora, à questão dos termos primitivos. Sócrates explica a concepção tradicional segundo a qual os denominados elementos primitivos de que somos compostos não admitem explicação, sendo apenas denominados e não podendo nem sofrer determinação, por meio de termos como mesmo, aquilo, isto. Já os compostos desses elementos, por serem complexos, são expressos por uma combinação de nomes, o que caracteriza uma definição. Exemplifica com as letras, que são inexplicáveis e desconhecidas (podemos, hoje, pensar nos fonemas, aos quais não costumamos atribuir significados, embora seja inegável que afetam o significado) – apesar de serem percebidas pelos sentidos –, em contraste com as sílabas (podemos pensar em morfemas), que são conhecíveis, explicáveis e podem ser objeto de opinião verdadeira. Assim, teríamos, por um lado, elementos que não podemos conhecer, embora possamos possuir a verdade a seu respeito, e, por outro, paradoxalmente, a possibilidade de uma explicação racional que se acrescentaria à opinião verdadeira, conduzindo-nos à perfeição em matéria de conhecimento, apesar do desconhecimento das unidades elementares.

Sócrates pergunta a Teeteto se essa explicação lhe satisfaz e, mais uma vez, como já em passagens anteriores, o jovem mostra-se convencido. O sábio ironiza, perguntando se seria possível que conseguiram encontrar, finalmente, aquilo que tantos sábios procuraram sem êxito. Mostra-se, de toda maneira, insatisfeito com a constatação de que os elementos não podem ser conhecidos e passa a analisar as letras e as sílabas, tomando-as como modelos dessa tese.

Muito embora isso não fique explícito, mais uma vez é o pensamento analítico que está sendo questionado, de tal forma que, ou somos conduzidos a paradoxos, a impossibilidades, a uma ausência de solução, ou admitimos abraçar a Dialética.

Seja o caso da sílaba e de sua definição. A primeira sílaba de Sócrates, SO, é S e O, esta é sua explicação, o que implica, de fato, uma análise componencial. E o que é o S? Teeteto responde que não é possível enumerar seus elementos, mas apenas apontar suas características: o S é uma sibilante e, assim como as letras de modo geral, é irracional, nada tem além do som, carecendo, assim, de explicação ulterior (semelhantemente a nossa definição de fonema, como feixe de traços distintivos, porém ao qual não se costuma atribuir significação ulterior). Dessa maneira, conclui-se que o elemento não pode ser conhecido, mas a sílaba pode; porém, quem conhecer a sílaba não conhecerá, também, as duas letras? Como seria possível, desconhecendo as letras, vir a conhecer ambas? Seria, então, necessário partir, primeiro, do conhecimento dos elementos, o que já foi declarado impossível.

Sócrates tenta, assim, outra abordagem: talvez fosse mais certo, em vez de dizer que a sílaba são os elementos, afirmar que é uma idéia distinta mas originária deles, de forma peculiar e diferente. A sílaba seria, então, uma idéia única, formada da combinação de vários elementos. Nesse caso, não teria partes. Chegam, com isso, a um impasse: ou a sílaba não são os elementos, e, então, estes não serão suas partes; ou, identificando-se com eles, terá de ser, como eles, reconhecível. Mas, se admitimos que as letras não são partes da sílaba, quais seriam suas partes? Teríamos que concluir, forçosamente, que a sílaba é uma unidade indivisível, porém isso nos obrigaria a considerá-la como a um elemento e, portanto, incognoscível. Ou seja, admitindo-se que a sílaba pode ser conhecida e explicada, o mesmo temos que admitir, necessariamente, de suas partes, como elementos também cognoscíveis. Torna-se, assim, indefensável a concepção de elementos primitivos incognoscíveis ou inexplicáveis – mas percebe-se que só uma visão sintética e globalizante, como é a visão dialética, poderá dar conta desse impasse, proporcionando-lhe uma solução. Isso, porém, é apenas sugerido. (Como diz Deleuze (1988, p.330-1), somente quando se consideram os fonemas abstratamente, é que suas relações têm a forma negativa de uma oposição vazia, em vez de preencher as posições diferenciais em torno de um limiar. O fato é que a morfologia não prolonga simplesmente a fonologia, mas introduz valores propriamente problemáticos, que determinam a seleção significativa dos fonemas.)

Sócrates parte, mais uma vez, para o contraste com uma experiência real, recorrendo, dessa feita, à alfabetização à qual se submeteu cada um de nós. Essa experiência de alfabetização não nos revela, exatamente, o contrário daquela suposição a respeito dos elementos: que estes, sim, é que permitem um conhecimento muito mais claro e eficiente no estudo de qualquer disciplina? Pois é a eles que nos aplicamos, procurando distinguir as letras pela vista e pelo ouvido, cada uma em si mesma, para não nos atrapalharmos com sua posição ao escrevê-las ou enunciá-las.

Já está delineada, nessa passagem, a noção do conhecimento como apreensão de diferenças e, embora o filósofo refira-se às letras e à escrita, misturando fala e escrita, podemos ver, aí, o germe de uma definição do fonema como feixe de traços distintivos. Reconhecemos, também, assim como na fenomenologia de Husserl e de Merleau-Ponty, uma tentativa de apreensão de um estado de inocência, pré-verbal ou pré-conceitual, ou, ao menos, pré-letramento, em que não estávamos tão mergulhados neste mundo da linguagem e, quem sabe, poderíamos compreender melhor o que é o conhecimento, se nos lembrássemos de como ele se deu para nós, empreendimento que se torna, agora, difícil, quando já estamos excessivamente imersos nele.

Concluindo, assim, por uma redução ao absurdo, pela inconsistência da concepção dos elementos como entidades incognoscíveis, voltam à consideração anterior, do conhecimento como opinião verdadeira acompanhada de explicação racional, detendo-se, agora, no esclarecimento do que seja "explicação racional". Sócrates apresenta três possibilidades de definição: tornar claro o pensamento por meio da voz; conseguir responder, diante de uma pergunta, com a enumeração dos elementos do objeto em questão; poder indicar um sinal que distinga, de todos os outros, o objeto de que se trata (à maneira do vulgo).

Rebate as duas primeiras definições, na verdade interligadas, recorrendo, novamente, à experiência de alfabetização, em que a criança é capaz de enumerar as letras componentes de um nome, sem que possamos chamar isso de conhecimento. Assim, a explicação racional não pode ser nem aquela que supõe que as palavras venham a refletir o pensamento, nem a outra, complementar a essa, que leva das partes até o todo. Logo, se conhecimento for, de fato, uma opinião verdadeira aliada à explicação racional, não pode se tratar da opinião racional concebida dessa maneira, como enumeração das partes que compõem o todo. (Sócrates está estabelecendo a diferença que Vygotsky estabelece entre o pensamento por complexos próprio das crianças – em que estas tecem definições por enumeração, com base na realidade concreta – e o pensamento pré-conceitual dos adolescentes – que conseguem dominar e verbalizar conceitos sem ter, no entanto, atingido a necessária generalização –, ambos distintos do pensamento verbal conceitualizado próprio dos adultos.)

A essas alturas, apesar da promessa que se anuncia com o aceno da noção das diferenças (aceno que nos entusiasma, tanto mais quanto é delas que falamos no decorrer de todo o século XX e de que Deleuze e Derrida ainda nos propõem os desdobramentos), sentimos vertigens – assim como Teeteto em certo momento da conversação –, pois é como se, estando tão perto da margem, da Ítaca, fôssemos lançados para longe, como que vítimas de alguma feitiçaria. Pois, subitamente, percebemos que, com todas as palavras proferidas, com todas as páginas percorridas, é como se estivéssemos, novamente, no começo do diálogo: não foi ali que Teeteto arriscou a definição de conhecimento como uma enumeração de suas particularidades, e nossos vícios de linguagem não acabam nos reconduzindo ao mesmo ponto? Que diferença significativa temos entre conhecimento como geometria, arte dos sapateiros etc., e conhecimento como opinião verdadeira acompanhada de explicação racional, que consiste, esta, na enumeração dos elementos constitutivos de um objeto? Onde estão as diferenças?

Só quando apanhamos, num determinado objeto, o que o distingue dos demais, é que apreendemos sua explicação ou definição. Assim, adquirimos conhecimento, quando acrescentamos, à opinião verdadeira de um ser, sua diferença em relação a todos os outros.

Seja por cansaço, seja por ingenuidade – talvez a juventude explique alguma coisa –, Teeteto mostra-se, sempre, satisfeito com as conclusões a que Sócrates o conduz. Mas este, apesar de parecer, finalmente, ter chegado a uma conclusão (mesmo porque nenhuma outra definição será tentada), não nos permite esse prazer do encontro, da descoberta. É possível perceber que a própria noção das diferenças contagia, auto-reflexivamente, esse seu estado em que declara que, justamente agora, quando se encontra mais perto da definição, não entende mais nada de nada, como se contemplasse de longe uma pintura. Ou seja, o que, de longe, parecia ser distintivo, destacando-se do resto, mostra-se, agora, igual: o diferente transmuta-se em semelhante e o aparente acerto revela-se ilusão. (Vygotsky (1993) alerta que, no estágio do pensamento pré-conceitual, é mais difícil captar semelhanças que diferenças, do que podemos deduzir que há um pensamento infantil ou primitivo, baseado no sincretismo e nos complexos, e fundamentado na analogia; um pensamento pré-conceitual e, também conceitual, em que se detectam mais facilmente as diferenças, chegando-se a generalizações; e um nível posterior, em que reaparecem as semelhanças, porém, dialeticamente retrabalhadas e permitindo aplicações daqueles conceitos que foram generalizados.)

É que o que antes parecia se destacar mostra-se, de fato, como parte do mesmo. Como afirmar que o conhecimento é a opinião verdadeira acrescentada das diferenças características, se, para formar essa opinião verdadeira, eu já preciso estar de posse das características diferenciais? Mais uma vez, é a tendência à análise que está sendo posta em questão: tomar o que já temos para aprendermos o que já pensamos parece próprio de quem não enxerga um dedo diante do nariz. De forma analítica, chegaríamos, numa redução ao absurdo, de fato ridículo, a esta definição do conhecimento: conhecer é adquirir conhecimento!

Concluem, com isso, que são infundadas todas as definições anteriores: conhecimento não pode ser sensação, nem opinião verdadeira, nem explicação racional acrescentada a essa opinião verdadeira. É o que ensina a arte maiêutica, a expulsar todas essas concepções desarrazoadas, que não passam de vento que não merece ser criado. (Em vez da expulsão do simulacro, veremos, em Nietzsche, a afirmação da diferença. O super-homem afirma-se em seu devenir: o um não suprime, nem nega o múltiplo; a necessidade não suprime, nem abole o acaso. Ou, nos termos de Mallarmé, "Um lance de dados jamais abolirá o acaso" – embora, para Nietzsche, o poema mallarmaico ainda contenha uma restrição ao acaso e à multiplicidade, quem sabe resultado da necessidade de escolha ao lançar as palavras no papel, ou ao enunciá-las.)

Definir o que é conhecimento, o que redunda em alcançar o conhecimento, exige de nós esse desapego, esse questionamento até as últimas conseqüências, sem pressa, sem interesse e sem medo de, eventualmente, chegarmos ao final de mãos vazias. A dúvida constante e o questionamento radical podem encher-nos de melhores frutos. Mas, melhor do que isso, é preferível permanecermos vazios, mesmo porque menos incômodos aos demais, mais dóceis e mais compreensivos, visto não presumirmos saber o que não sabemos. (O método pedagógico de Paulo Freire apresenta essa mesma vocação maiêutica da dialética socrática, de expulsão de concepções desarrazoadas, porém, dentro de um pensamento marcado pelo materialismo dialético e por suas motivações históricas e socioeconômicas. É digno de nota o uso da mesma metáfora do parto: "O grande problema está em como poderão os oprimidos, que 'hospedam' ao opressor em si, participar da elaboração, como seres duplos, inautênticos, da pedagogia de sua libertação. Somente na medida em que se descubram 'hospedeiros' do opressor poderão contribuir para o partejamento de sua pedagogia libertadora" – Freire, 1978, p.32. Mas o partejamento defendido pelo educador brasileiro vai mais adiante, na medida em que envolve a praxis, palavra e ação, na luta pela transformação da sociedade: "A libertação, por isto, é um parto. E um parto doloroso. O homem que nasce deste parto é um homem novo que só é viável na e pela superação da contradição opressores-oprimidos, que é a libertação de todos". – p.36)

Como o filósofo nos adverte mais de uma vez no decorrer do diálogo (e mesmo o jovem Teeteto é capaz de reconhecê-lo), é preciso tempo para dedicar-se à filosofia, tempo e uma disponibilidade desinteressada que possa nos permitir fazer e refazer questões, duvidando, constantemente e numa atitude quase heróica, dos discursos que circulam livremente na sociedade. Há respostas prontas que a tradição nos apresenta e que conferem reconhecimento àqueles que as ostentam. Mas será que, num contraste corajoso com o real, essas respostas se sustentam?

Mais do que respostas propriamente ditas, há uma lógica do raciocínio analítico que permeia todos os discursos e que é inerente à possibilidade mesma de definição. Aceitar, por exemplo, que os elementos são incognoscíveis faz parte dessa lógica e é, por meio dessa premissa, que ela pode avançar e avança. Avança de forma discursiva, argumentativa, lógica, racional e progressivamente abstrata, à medida que vai perdendo, inadvertidamente ou não, o contato com o real.

Nesse ponto, também não estamos longe do pensamento de Michel Foucault e de seu questionamento a respeito do discurso do conhecimento, na linha da reflexão nietzschiana. Pois Sócrates não faz, mais uma vez, a crítica à posição de poder que Protágoras preenchia, aludindo, explicitamente, aos ganhos financeiros decorrentes desse posto?

Ironicamente, levantar a questão sobre o que é o conhecimento, pedir uma definição de conhecimento envolve – sem que o percebamos à primeira vista – a explicação de uma unidade elementar para a filosofia. Como, pela lógica analítica, os elementos são incognoscíveis, torna-se, também, impossível definir o que é o conhecimento, muito embora todos os desdobramentos posteriores dessa filosofia tragam implícita a busca do conhecimento. Procurar o conhecimento, desconhecendo o que seja o conhecimento – eis o paradoxo a que conduz essa lógica analítica que caminha sempre para a frente, ou de baixo para cima, desconhecendo, no entanto, seus fundamentos e construindo um pensamento frágil, facilmente abalado ao primeiro contato com o real. Real, aliás, que ela também deixa de fora, pois permanece, como um de seus postulados, a inacessibilidade a esse real.

Por isso mesmo, a Dialética tem sido constantemente renegada e acusada de produzir uma lógica confusa. Também isso aparece na fala de Sócrates, quando diz que costuma ser acusado de apenas causar confusão nos espíritos, conduzindo a questionamentos infindos e sem solução. Porque a Dialética é corrosiva por natureza e faz parte do seu ser o questionamento e a dúvida, tanto a respeito da linguagem quanto a respeito do conhecimento, ambos, de resto, intimamente interligados.

Mas saber é não saber e conhecer é reconhecer – o que não está perfeitamente evidente no Teeteto, mas é reconhecível para quem já tem esse conhecimento. Como, afinal, apreender a lógica dialética que permeia esse diálogo, se já não tivermos, introjetado em nós, o pensamento dialético? Pois também a Dialética não se entende por definição e, talvez, toda definição a seu respeito já constitua uma traição à sua natureza, uma vez que estaremos dando um desdobramento analítico, explicativo, para o que é, por natureza, sintético.

Quem não adquiriu, minimamente, um ver-o-mundo dialético (seja por providência das Musas, ou por algum outro ritual de iniciação – e veja-se que a Dialética também exige esta visão abrangente, que envolve mito e realidade, sem o que, esta, "metade de nada, morre", como diria Fernando Pessoa em "Ulysses") não poderá vislumbrá-lo no Teeteto, pois o conhecimento dá-se como reconhecimento. Sobrará, apenas, a Dialética como a arte do diálogo, o que está muito aquém de toda sua força. (De uma forma menos mística, é possível encontrar, em Vygotsky, essa questão do conhecimento como reconhecimento, dentro de uma dialética complexa, que envolve um vaivém do abstrato para o concreto e vice-versa, uma vez que ele postula que elementos de uma fase anterior participam da formação do conhecimento na fase seguinte. Podemos, também, pensar na questão do inconsciente, em Freud, Jung, Lacan.)

A pergunta "O que é o conhecimento?", lançada por Sócrates no século V a. C., ressoa nesta pós-modernidade e temos uma sensação vertiginosa de estarmos, ainda, no começo, como se todas as respostas tivessem sido igualmente ilusórias e estivéssemos, novamente, no ponto de partida. Novamente, a Ítaca prometida parece distanciar-se e o que parecia ser novo, diferente, assume, subitamente, o aspecto do mesmo, do idêntico. Certas respostas que viemos dando, no decorrer de mais de vinte séculos, assemelham-se às frágeis respostas de Teeteto e, assim como ele, resultamos ingênuos em nossas convicções, ludibriados, muitas vezes, por opiniões, falsas ou verdadeiras, mas, enfim, nada mais que meros efeitos de sentido a que atribuímos um ar de verdade, de racionalidade. (Nesse sentido, é interessante acompanhar a crítica de Austin (1971) a Ayer, em "Sense and Sensibilia", uma vez que chama a atenção para a ingenuidade e superficialidade da concepção relativista, denunciando seus pressupostos, as noções implícitas e mal explicadas, como "percepção".)

O Crátilo é um complemento necessário do Teeteto, pois em ambos os diálogos encontramos o questionamento a respeito das entidades elementares e é na reflexão a seu respeito – mesmo que sem respostas acabadas – que se fundamenta a filosofia, e a Dialética, em particular.

Afinal, o que são as palavras, essas entidades elementares que estão na base de todo conhecimento, pois é delas que a ciência se serve para tecer suas formulações?

Serão, de todo, convencionais? Guardarão algum vínculo com a realidade? O filósofo brinca com o leitor, pois o entretém, na maior parte do diálogo, a convencê-lo do vínculo entre palavras e coisas, para, no final, surpreendê-lo com uma constatação contrária, suspeitando, dessa vez, do legislador que, pela primeira vez, atribuiu o nome às coisas. Fecha-se então o diálogo, num apelo para que nos voltemos para as próprias coisas (é a coisa mesma da fenomenologia de Husserl?): não é por meio dos nomes que devemos procurar conhecer ou estudar as coisas, mas, de preferência, por meio delas próprias, muito embora esse empreendimento seja, talvez, humanamente impossível.

Mais uma vez, a Dialética contenta-se com uma solução que, do ponto de vista da lógica analítica, formal, seria considerada inacabada, como se tivesse sido deixada em aberto, assim a questão da inacessibilidade à verdade das coisas, como aquela da possibilidade do conhecimento.

O Crátilo inicia-se quando Hermógenes – que defende o convencionalismo da linguagem – pede um esclarecimento a Sócrates sobre a concepção de Crátilo, para quem cada coisa tem, por natureza, um nome apropriado. De nossa perspectiva do século XXI, sabemos, já de início, que a concepção de Hermógenes é que se estabeleceu na filosofia, abraçada por Aristóteles, para quem a linguagem é arbitrária, convencional, e que, assim como, mais tarde, Descartes o faria, não se deteve em questionamentos a seu respeito, diferentemente de um Pascal ou de um Nietzsche, que duvidarão do sentido das palavras.

Em lingüística, por outro lado, Whitney insistirá, no século XIX, sobre a arbitrariedade do signo lingüístico e Saussure, no início do século XX, levará essa concepção às suas últimas conseqüências, mostrando que, em lugar de um pretenso vínculo entre palavras e coisas, teríamos um sistema lingüístico que uniria as palavras entre si, atribuindo-lhes sentido nessa convivência recíproca. [Indiretamente, Vygotsky (1993) vai pôr em questão essa concepção saussuriana, ao criticar o associativismo da psicologia tradicional e provar, experimentalmente, que não é assim, associativamente, que se formam os significados.]

Exatamente porque imbuído do pensamento dialético, o diálogo que Platão nos apresenta alimenta-se de um caráter complexo, em que convivem elementos diversos – se não contrários e, aparentemente, contraditórios. A linguagem guarda um certo vínculo com a realidade – mas esse vínculo significa a maneira como o legislador quis ver essa realidade e nos transmitiu essa visão, cabendo-nos, então, conferir, questionar, aproximar palavras e coisas para ver se, de fato, elas são assim como nos ensinaram a vê-las.

Sócrates mostra que há uma semelhança entre a concepção de Hermógenes, do convencionalismo da linguagem (e este radicaliza o sentido do arbitrário, dizendo que podemos chamar as coisas como nos aprouver), e a filosofia de Protágoras, do homem como medida de todas as coisas. De forma mais concisa e direta do que no Teeteto, rebate o relativismo de Protágoras e defende que as coisas são, em si mesmas, de essência permanente: não estão em relação conosco, nem na nossa dependência, nem podem ser deslocadas em todos os sentidos por nossa fantasia, porém existem por si mesmas, de acordo com sua essência natural.

A partir dessa constatação de uma essência inerente às coisas, vai conduzir o raciocínio de forma a provar que as palavras, ao se dirigirem às coisas, também guardam com elas algum vínculo essencial. Se as coisas possuem algo de essência permanente, as ações com que nos dirigimos a elas serão, necessariamente, limitadas por essa essência, e falar já aparece, na boca de Sócrates, como uma forma de ação: "nomear também é ação, uma vez que falar é uma espécie de ação, com relação a certas coisas" (Platão, 1973, p.124).

Da mesma maneira como, para cortar um objeto, teremos que obedecer à forma como quer a natureza que seja cortado (podemos pensar na forma de se cortar uma árvore, ou de se podar certa planta), ou, para queimar alguma coisa, não deveremos fazê-lo de qualquer jeito (e sabemos como não é de qualquer jeito que se atiça o fogo de uma fogueira ou de um fogão a lenha), assim, também, se dá com as palavras: como poderá alguém falar corretamente, senão dizendo as coisas segundo o modo natural de falar e como devem ser ditas? Convirá nomear as coisas pelo modo natural de nomeá-las e serem nomeadas e pelo meio adequado.

Dentro dessa concepção (que podemos denominar pragmática, sem, no entanto, confundi-la com a imposição de uma norma culta, pois não é disso que se trata), o nome aparece como instrumento para informar a respeito das coisas e para separá-las, tal como a lançadeira do tecelão serve-lhe para separar os fios da teia. E, assim como há especialistas em cada arte (não é qualquer um que pode ser chamado de ferreiro, mas apenas quem possui a sua arte), também nomear as coisas, seguindo a forma que elas naturalmente oferecem para serem nomeadas, exige uma arte, esta a mais rara, a do legislador.

O carpinteiro, ao fabricar uma lançadeira, fixa-se em algo naturalmente adequado para tecer, que podemos denominar a lançadeira em si mesma, cuja forma variará de acordo com a espécie de trabalho a ser executado. Tendo descoberto o instrumento naturalmente indicado para determinado trabalho, o artífice passará a fabricá-lo com o material de que dispuser, seguindo os imperativos da natureza, e não de acordo com sua fantasia. Semelhantemente, o legislador deverá saber formar os nomes por natureza apropriados para cada objeto, servindo-se dos sons e das sílabas, e sempre com os olhos fixos no que é o nome em si, caso queira ser considerado o verdadeiro criador de nomes. O fato de existirem palavras diferentes em línguas diferentes não seria prova de que o signo é apenas arbitrário, convencional (e Saussure baseia-se nessa prova para fundamentar sua argumentação). Também os ferreiros não trabalham com o mesmo ferro, embora façam instrumentos para idêntica finalidade, da mesma forma que os legisladores de diferentes regiões (entre os gregos, como entre os bárbaros) que se esmeram em reproduzir a idéia do nome, a propriedade para cada coisa, pouco importando as sílabas de que se valham.

Tanto o resultado do trabalho do ferreiro como o do carpinteiro ou o do legislador deverão estar sujeitos a prova, para saber se foi, de fato, reproduzida a forma conveniente. E é no uso que se fará essa prova (lembrando-nos, mais uma vez, da prova de realização de Leibniz, e aproximando-nos do que costumamos considerar uma visão pragmática): o tecelão, que faz uso da lançadeira, vai comprovar – ou não – a adequação do instrumento fornecido pelo carpinteiro; o tocador de lira, o músico instrumentista, vai checar a validade do trabalho feito pelo fabricante de liras; o piloto vai avaliar o resultado da obra do construtor de navios; o dialético, enfim, vai julgar e dirigir o trabalho do legislador, seja ele praticado aqui, seja alhures, uma vez que é ele o mestre na arte de interrogar e de responder. Para criar seus nomes com acerto, o legislador deverá submeter-se à direção do dialético (veja-se que não se trata do gramático, mas do filósofo).

A arte de dar nome às coisas é arte rara, de difícil execução, pois exige que se olhe para o nome que cada coisa tem por natureza e se saiba exprimir, com letras e sílabas, sua idéia fundamental. Assim, os nomes, por natureza, têm uma certa justeza e nem toda a gente sabe como designar convenientemente as coisas. Justeza que Sócrates distingue de exatidão, ao responder que desconhece a exatidão dos nomes, quando Hermógenes o interroga a esse respeito, mas poderá, junto com seu interlocutor, investigar em que, propriamente, consiste sua justeza.

Mais uma vez, Sócrates ironiza a respeito dos que se beneficiam financeiramente, ministrando ensinamentos sobre esse assunto. Já no início do diálogo, afirmara que desconhecia essa matéria, pois não havia podido pagar a aula de cinqüenta dracmas de Pródico, tendo freqüentado, apenas, a de um dracma. Agora, sugere, ironicamente, a Hermógenes que recorra aos entendidos e lhes forneça dinheiro, com agradecimentos de crescença. (À sua maneira, Sócrates-Platão estava denunciando as imposturas intelectuais de sua época.) Assim fizera o irmão de Hermógenes, que gastou tanto com os sofistas, que chegou a ganhar a reputação de sábio! Seria o caso de suplicar-lhe que ensinasse o que é certo nesse domínio, de acordo com a filosofia de Protágoras. Hermógenes, no entanto, recusa-se a seguir esse caminho, uma vez que já se convencera da inverdade dessa concepção.

Sócrates propõe, então, que recorra a Homero e a outros poetas, mostrando como essa investigação a respeito da justeza dos nomes está implícita na diferenciação que Homero faz entre os nomes atribuídos pelos homens e pelos deuses às mesmas coisas. É assim que, referindo-se a um rio de Tróia, diz, na Ilíada: "Que os deuses Xanto nomeiam e os mortais Escamandro", da mesma forma como há uma diferença no nome atribuído ao filho de Heitor, designado Astianacte pelos troianos e Escamândrio pelas mulheres. Haveria uma hierarquia, nesse sentido, pois, por um lado, é certo que os deuses seriam mais sábios que os homens em suas denominações e, por outro, os homens, mais sensatos, numa cidade, que as mulheres.

O nome de Astianacte do filho de Heitor teria sido justificado pelo próprio Homero, "por ele ser o baluarte das teucras muralhas", assim que os dois nomes, Heitor e Astianacte, redundam em significado semelhante, de realeza, ánax significando senhor e héktor, possuidor. Não importa com que letras ou sílabas o significado seja expresso, desde que seja bastante forte a essência da coisa a manifestar-se no seu nome. De um rei, nascerá um rei; de um homem bom, um homem bom: todos terão de ser chamados por igual nome, embora possa haver variação nas sílabas, de modo que, para os ignorantes, parecerá tratar-se de nomes diferentes. Assim, o conhecedor de nomes considera somente o seu valor, sem atrapalhar-se, no caso de ser acrescentada, transposta ou supressa alguma letra, ou mesmo se a força do vocábulo estiver expressa por letras diferentes. É o caso de Astyánax e Hektor, com o mesmo valor intrínseco, o mesmo significado, e só com a letra t em comum.

Atravessaremos cerca de quarenta páginas acompanhando, junto com Crátilo, esse diálogo entre Sócrates e Hermógenes, em que o filósofo fornecerá inúmeros exemplos, de nomes de deuses a nomes primitivos, comprovando a vinculação entre os nomes e as coisas, e apontando para a maneira como os nomes guardam, de alguma forma, em sua essência intrínseca, a memória das coisas a que se referem. É interessante notar que, enquanto Saussure chama nossa atenção para o valor que as palavras ganham por sua inter-relação no sistema lingüístico, pelo uso que fazemos delas e pela maneira como, num jogo de palavra-puxa-palavra, mergulhamos no universo lingüístico e aprendemos ou estabelecemos o sentido das palavras, comparando-as e distinguindo-as, enquanto Saussure, no século XX, estabelece essa concepção algébrica, relativamente abstrata da linguagem, Sócrates fala num valor intrínseco, valor que já estaria em cada palavra, na medida em que estaria aludindo a algo presente no mundo real, no mundo das coisas, e não apenas no mundo das palavras.

Interessante, também, a maneira como, logo no início dessa longa investigação, Sócrates, ironicamente, adverte Hermógenes que talvez todo esse seu ensinamento a respeito da justeza dos nomes não passe de entusiasmo momentâneo, apenas proveniente de uma conversa que tivera, de manhã, com Eutífrone de Prolspalta e que, portanto, deverão desfrutar dela, para, em seguida, livrarem-se dessa convicção, expulsarem-na, por meio de exconjuros e de purificações. Talvez pudéssemos aprender um pouco com essa forma de fazer ciência, em que a certeza pode ser apenas momentânea, e até prazerosa porque momentânea. Conhecer não seria acumular conhecimento, mas passar por experiências de conhecimento que deverão ser, em momento oportuno, necessariamente abandonadas. Mais uma vez, podemos identificar, aqui, uma lógica dialética, feita de afirmações e de negações.

Iniciando pelos nomes que dizem respeito a coisas eternas, veremos que o nome de deuses (theoi) está relacionado com movimento, com a faculdade de correr (thein), uma vez que, decerto, era assim que os povos bárbaros viam os seus deuses (o sol, a lua, as estrelas). Haveria, também, nos nomes dos deuses Oceano e Tétis, essa idéia de movimento, como se a concepção de Heráclito, de que tudo passa, já estivesse presente entre os antigos.

Passaremos pela apreciação dos mais diversos nomes até chegarmos ao questionamento dos nomes primitivos, uma vez que, segundo Sócrates, quem deseja ser considerado perito nesse assunto terá que dar conta dos nomes primitivos, caso contrário, tudo o que pronunciar a respeito de derivados não passará de palavreado sem sentido. Acabamos chegando, afinal, ao mesmo impasse presente no Teeteto, e o filósofo nos conduz, junto com o jovem Teeteto, naquele caso, e, agora, junto com Hermógenes, permitindo que aceitemos certas afirmações que vieram sendo feitas no decorrer do diálogo, sempre concordando com elas e com a lógica que pareciam encerrar, para, depois, nos mostrar sua fragilidade, na medida em que estão na dependência do esclarecimento dos termos primeiros, primitivos, para os quais, talvez, não encontremos explicação plausível.

É assim que havia nos mostrado, de forma bela e convincente, o sentido da palavra homem, anthropos, em grego, derivada, na verdade, de uma sentença: anathrôn há ópôpe – aquele que contempla e analisa o que vê. Sem advertirmos para maiores dificuldades, fomos aceitando outras explicações – aliás belas –, como aquela proposta para alma, psique, a causa da vida, para conferirlhe a faculdade de respirar e refrescar-se (anapsychon).

Propondo que prossigam, com humildade, em sua investigação, embora cientes de nossa limitação para elucidar devidamente as questões últimas inerentes à linguagem e, assim, apenas experimentando possíveis explicações, Sócrates avança a possibilidade de ver, nas palavras, a imitação vocal de determinada realidade. Se não tivéssemos nem voz, nem língua, certamente tentaríamos indicar as coisas, uns aos outros, pelo corpo. Da mesma maneira, nossa faculdade de nos comunicar pelos sons poderia estar ligada a uma tentativa de imitação.

O próprio filósofo desfaz uma possível interpretação de imitação como repetição, como reflexo direto, ao dizer que não se trata do caso de balir como os carneiros para fazer referência a eles. Trata-se, em vez disso, de imitar a essência das coisas pelo conhecimento da essência da própria linguagem. Raciocínio difícil e sutil, mesmo porque, mais uma vez, envolve o difícil acesso ao pensamento dialético. Ao mesmo tempo em que reconhece não ser capaz dessa empresa, Sócrates propõe um método analítico, em que partiríamos das letras, a começar pelas vogais, para classificá-las, depois passaríamos às coisas a serem nomeadas, para vermos se, entre elas, há formas a que todas podem ser reduzidas. Seria necessário agrupar e relacionar tudo isso, conforme sua semelhança, seja aproximando-o, seja misturando-o, como fazem os pintores, quando querem exprimir a semelhança. (É possível compreender essa imitação socrática nas palavras de Michel Foucault (1992, p.10): "A ordem é, ao mesmo tempo, aquilo que se oferece nas coisas como sua lei interior, a rede secreta segundo a qual elas se olham de algum modo umas às outras, e aquilo que só existe através do crivo de um olhar, de uma atenção, de uma linguagem; e é somente nas casas brancas desse quadriculado que ela se manifesta em profundidade como já presente, esperando em silêncio o momento de ser enunciada". Ou na teoria da representação de Jackendoff (1983) e nos "espaços mentais" de Fauconnier (1984).)

Mais uma vez, o procedimento que Sócrates propõe será diferente daquele de Saussure, uma vez que, enquanto o filósofo afirma que a única investigação plausível deve partir, assim, das raízes, de conjeturas a respeito de como deverão ter sido formadas as primeiras palavras, o lingüista abdica disso, chamando-nos para a apreciação de uma lógica atual, em que as palavras não demonstrariam ter nenhum vínculo com a realidade.

Reconhecendo que suas reflexões a esse respeito parecem-lhe impertinentes e ridículas (é o jogo da negação e da afirmação próprio da Dialética), Sócrates expõe sua hipótese de explicação para os termos primitivos, também absolutamente contrária à concepção saussuriana, para quem esse vínculo entre imagem acústica e significado é apenas arbitrário.

O r seria o instrumento para exprimir toda sorte de movimento: a letra r pareceu, para quem estabeleceu os nomes, um belo instrumento para expressar o movimento. Antes de continuar na apreciação do sentido inerente aos outros sons, é bom lembrarmos que, já anteriormente, o filósofo mostrara que essa concepção em nada contraria o fato da existência de diferentes línguas (e é esse o argumento em que Saussure se sustenta para negá-la), uma vez que, para cada caso, o legislador, o perito na atribuição de nomes às coisas, teria se servido dos instrumentos de sua cultura, sempre explorando neles a sua essência. Assim, deduzimos, agora, que o r poderá ter parecido símbolo de movimento para o legislador grego (compreendendo-se que o termo legislador adquire, nesse diálogo, um sentido muito peculiar).

Já a letra i estaria ligada à sutileza e à penetração. O t e o d imitariam o encadeamento e a parada. O l, tudo o que é liso, escorregadio, e assim por diante, dentro de uma consideração do que haveria de essencial em cada letra.

Finda a exposição, Crátilo é chamado a participar do diálogo, mostrando-se satisfeito com o que foi dito. Mas Sócrates, sempre questionador e irônico, pronto a tudo fazer e refazer, a construir e demolir, passará a pôr em questão a posição do legislador, do atribuidor primordial de nomes, a sua fidedignidade. Afinal, tudo o que foi dito, foi dito a respeito de uma língua que já está pronta e que herdamos de nossos antepassados. Falamos da língua, servindo-nos da própria língua, ou, nas palavras de Greimas (1973, p.21), o acusado é, ao mesmo tempo, seu próprio juiz.

Sócrates rejeita a teoria de Crátilo, para quem os nomes sempre designariam as coisas com propriedade, e leva-o a admitir que há nomes bem e malformados. Assim, um objeto será bem nomeado quando a imagem apresentada contiver todos os traços essenciais, podendo, no entanto, haver alguns de menos, ou a mais, ou deslocados, o que não chegará a anular o nome (como desejaria Crátilo, dizendo tratar-se, neste caso, de outro nome, ou apenas de ruído, desprovido de sentido), mas conduzirá a um nome mal formado. Nesse sentido, as palavras comportam-se diferentemente dos números, pois, no caso do número dez, por exemplo, se lhe acrescentarmos ou suprimirmos alguma coisa, tornar-se-á, imediatamente, outro número.

Vemos Sócrates abordando a questão da irredutibilidade da linguagem, ou da generalidade das palavras, se quisermos adotar a expressão de Husserl (1996). O mundo da linguagem nem sempre se comporta de maneira precisa, matemática, pois não há necessidade de serem reproduzidas todas as particularidades do objeto, para que se obtenha sua imagem, que não deixará de ser imagem, se algo lhe for acrescentado ou subtraído, mesmo porque seria absurdo que os nomes fossem a exata reprodução das coisas. Tudo ficaria simplesmente duplicado, sendo impossível distinguir o nome da coisa por ele representada.

Insistindo na questão de que, se os nomes, de fato, pretendem ser imagens das coisas que representam, é necessário que seus elementos primitivos, as letras, guardem alguma semelhança com os objetos, Sócrates mostra que, nos nomes mal formados, algumas letras poderão não estar presentes, não impedindo, no entanto, que sejam reconhecidos. É nesse ponto que o diálogo envereda, finalmente, para o veio do convencionalismo, da arbitrariedade do signo lingüístico. Se, apesar de sua imperfeição, podemos compreender as palavras, isso se deve a alguma indicação que foi percebida por nós: tanto servem para representar os objetos as letras semelhantes, como as dessemelhantes, desde que o hábito e a convenção as legitimem.

É assim que, após toda uma longa exemplificação para provar que os nomes guardam um vínculo de semelhança com os objetos que designam, Sócrates admite que, embora defenda o princípio de que os nomes devam assemelhar-se, tanto quanto possível, com as coisas representadas, receia, no entanto, que seja muito precária a tal força de atração da semelhança, sendo forçoso acabar admitindo o expediente banal da convenção, defendido, logo de início, por Hermógenes: "Sem dúvida alguma, o ideal seria que todas as palavras, ou a maioria delas, fossem semelhantes, isto é, apropriadas às coisas designadas; o pior seria o contrário disso" (Platão, 1973, p.187).

Mas o mesmo Crátilo, que tanto insistia na representação por imitação, rejeitando a idéia de um procedimento arbitrário, acaba, no decorrer do diálogo, traindo-se e revelando sua própria intuição mais íntima, talvez menos teórica, quando admite que é graças ao costume que se pode reconhecer o valor de uma palavra, mesmo com a alteração eventual de sua pronúncia. Inversamente, é Saussure (1975, p.22) que vemos trair-se no Curso de lingüística geral, quando, apesar de insistir sempre, em outros momentos, na arbitrariedade do signo lingüístico, afirma, em certa passagem, que se trata de definir as coisas, e não os nomes: "Cumpre notar que definimos as coisas e não os termos ... toda definição a propósito de um termo é vã; é um mau método partir dos termos para definir as coisas".

Ora, o universo das coisas, do mundo natural, havia sido enfaticamente excluído do universo lingüístico, que parecia poder funcionar por conta própria, na imanência de suas relações recíprocas. Como pôde escapar essa frase de Saussure? Haveria uma convicção mais íntima do mestre, de que as coisas também participariam, e uma posição teórica diferente, própria para ser transmitida no decorrer de um curso de iniciação à lingüística? Talvez se empenhasse, primeiro, em dividir, com clareza, o que é fato de língua, e o que é de fala, para, em momento posterior, dialetizá-los, procedimento necessário para o pensador dialético, como podemos comprovar por estas palavras de Bakhtin (1995, p.131): "Para construir uma ciência sólida da significação, é importante distinguir bem entre o tema e a significação e compreender bem sua inter-relação".

Difícil saber a resposta a essa questão, mas é certo que essa possível intuição mais íntima guarda relações com a tentativa de mergulho fenomenológico nas coisas mesmas, no ser essencial das coisas, para além de seu revestimento lingüístico.

E é essa volta às coisas, num questionamento a respeito da linguagem tão próprio do pensamento dialético, que Sócrates propõe ao final, ao constatar que os nomes talvez tenham sido atribuídos erroneamente, de forma a nos desviar do caminho da verdade a respeito das coisas. É possível que o inventor dos nomes se haja enganado desde o início e forçasse, daí por diante, tudo o mais a concordar com seu erro original, assim como acontece com os diagramas geométricos: mesmo que se admita algum erro inicial, diminuto e imperceptível, todas as deduções que se lhe seguem são perfeitamente coerentes entre si. Nesse sentido, não é de espantar que os nomes apresentem perfeita concordância entre si, o que nada prova, nem nega a existência de um possível erro inicial (Lembremo-nos, neste ponto, da crítica ao logocentrismo, movida por Derrida).

Sabemos que a filosofia posterior a Platão vai se dividir entre essas duas correntes: por um lado, aqueles que aceitam essa progressão geométrica, sem se importar com questões de origem, envolvendo elementos primitivos – é o caso de Aristóteles e de Descartes, cuja lógica do raciocínio baseia-se no descarte inicial desse tipo de questionamento –, por outro, aqueles que se debatem, se dilaceram às voltas com essa dúvida inicial, que impediria toda consistência do pensamento racional – é o caso de Pascal ou de Nietzsche.

Como forma de livrar-se do embaraço criado pela própria linguagem, Sócrates propõe que devemos procurar a verdade das coisas fora dos nomes. Esse seria o caminho seguro e belo, muito embora talvez ultrapasse a capacidade humana. Que nos baste, no entanto, essa conclusão de que não é nos nomes que devemos confiar, mesmo que nos sintamos incapazes de qualquer empreendimento que nos proporcionasse atingir a essência das coisas independentemente das palavras. (Estaria Sócrates apontando para o empreendimento pós-moderno de transcender os limites da representação?)

Se não vislumbrássemos a Dialética nos diálogos de Platão, poderíamos designá-lo um filósofo apenas pessimista, mas é a presença, o reconhecimento da Dialética que nos permite detectar um jogo de afirmação e de negação, de construção e de destruição, de solução e de dissolução. Sem a Dialética, veremos no Teeteto a negação da possibilidade do conhecimento: o conhecimento seria impossível; no Crátilo, veremos a inacessibilidade à essência das coisas e a maneira como a linguagem pode apenas enganar e trair. Mas há certas alusões – às vezes até irônicas – que nos permitem perceber que algo vai sendo afirmado em meio e apesar das negações, sem, no entanto, dissipá-las. (É importante lembrar, também, que é muito tênue o limite entre literatura e filosofia nos diálogos de Platão.)

Seria desejável que as palavras fossem apropriadas às coisas que designam, embora isso aconteça, apenas, de forma precária. O contrário disso, a convivência com um mundo de palavras arbitrárias e convencionais, pode ser desastroso, mas quem sabe se não é isso mesmo que se dá, pois é possível que a verdade essencial das coisas resida na sua permanência, e não no movimento, mas não é ao movimento que, de um modo geral, as palavras parecem aludir? Teriam os instituidores dos nomes se equivocado, sentindo-se atordoados, numa espécie de redemoinho, e arrastando-nos na mesma direção? O certo é que, se todas as coisas se transformassem perpetuamente, como defendem os seguidores de Heráclito, o conhecimento seria impossível – o que já foi demonstrado no Teeteto.

Sócrates conclui o diálogo sugerindo que Crátilo reflita com coragem sobre o assunto, pois pode ser que, de fato, tudo esteja em permanente mudança, mas pode ser, também, que não. Porém, Crátilo parece já apresentar, de antemão, aquela postura adversa à filosofia, à dialética do questionamento e da dúvida, a postura dos presunçosos, que têm plena convicção da teoria que abraçam, ou que se sentem inseguros e não querem abrir mão de suas crenças, ou, até, como aponta Foucault, de suas cômodas posições de poder. Afinal, os seguidores de Heráclito, como Protágoras, desfrutavam de reconhecimento e de poder, na época de Platão, e não deixavam de se beneficiar de fartos proventos financeiros, o que é ironicamente afirmado no decorrer do diálogo entre Sócrates e Hermógenes.

Seja como for, precisamos da coragem que Sócrates requer a Crátilo para enfrentar a complexidade da concepção dos pensadores dialéticos. Quando sugere que é possível que tudo não esteja, de fato, em permanente mudança como se supõe, não estaria Sócrates convidando Crátilo a refletir sobre a repetição deleuziana e sobre a maneira como a lei, com seu caráter genérico, condena os sujeitos a mudar, constrangendo-os a ilustrá-la à custa de suas próprias mudanças? É certo, de toda maneira, que a solução platônica difere da nietzschiana, por sua motivação moral.

O fato é que não podemos fechar o Crátilo com a conclusão, dentro de um pensamento analítico, de que ali foi debatida e rebatida a concepção de uma possível vinculação das coisas com as palavras, que as imitariam, preferindo-se a explicação pelo convencionalismo da linguagem. O pensamento dialético não é tão simples e linear, e as negações que envolve não são contundentes e definitivas. Algo é afirmado em meio a negações e, ao final, temos um entremeamento complexo, embora nos pareça resultar, apenas, uma solução unívoca.

Há como que um desejo da linguagem (enquanto desejo das pessoas que a pronunciam), uma vocação íntima sua, que é de poder representar com fidelidade o mundo das coisas, imitá-lo no que tem de essencial, até o ideal último em que haveria uma espécie de casamento entre a essência das letras (dos fonemas) e a essência das coisas, tanto do mundo natural como do mundo cultural.

Mas há, também, um movimento inverso, avassalador, em que as palavras nos fogem e se afastam desse universo das coisas, e passamos a denominá-las por nomes estranhos que nos foram fornecidos por herança e contra cujo poder inexorável não conseguimos resistir. Elas nos dominam e se erguem como uma muralha, ou uma névoa espessa a nos impedir enxergar o mundo com clareza.

Se o acesso direto às coisas, sem o revestimento lingüístico, parece humanamente impossível, então, o que resta não é, simplesmente, a aceitação dessas denominações alienígenas, numa postura de submissão, de aculturação. Mas o embate, na condição do dialético, daquele que questiona constantemente, aceitando e negando, lutando para encontrar para as coisas suas verdadeiras denominações, pois estará sempre em busca da verdade ("uma vontade querendo a si própria através de todas as mudanças, uma potência contra a lei, um interior da terra que se opõe às leis da superfície." – Deleuze, 1988, p.29)

Ao fechar o Crátilo, restam-nos, ainda, algumas questões próprias à lingüística. Saussure refere-se à limitação do arbitrário, dizendo tratar-se de questão central para a ciência que se iniciava, embora pouco preocupasse os estudiosos. Com essa expressão, fornecia, justamente, um teor móvel à noção de arbitrariedade do signo lingüístico, que não seria característica que abrangesse os fatos lingüísticos de igual modo e de forma permanente, mas se alimentaria dessa tensão, presente, porém, não no mundo das palavras e das coisas – uma vez que ele havia excluído estas do universo lingüístico. A tensão, o movimento entre o arbitrário relativo e o arbitrário absoluto, dá-se, na visão do lingüista, como limitação dentro do próprio universo das palavras, em que os falantes se servem de elementos fornecidos por esse sistema para tornar as palavras mais precisas, menos genéricas e arbitrárias. É nesse sentido que menciona as línguas mais, ou menos, gramaticais, mais, ou menos, lexicológicas, na medida em que, em determinado corte sincrônico, predomine a tendência maior ou menor à arbitrariedade.

O filósofo age de forma diferente, ancorando as palavras no mundo da realidade, e não no universo semiológico. É no contato com o real, na experimentação, na prova de realização que podemos averiguar se as palavras são ou não justas, adequadas para as coisas que pretendem denominar. (Podemos ver, no método Paulo Freire de alfabetização de adultos, essa tentativa de ancoragem das palavras no mundo da realidade, por meio de seus termos geradores, portadores de uma carga emotiva, uma vez que fortemente ligados à vivência dos alfabetizandos.)

Restaria conferir, de toda maneira, investigação delicada e instigante para o lingüista, se – ao lado do procedimento analógico, inerente a essa limitação do arbitrário, a essa tentativa de vinculação e de amarração dos elementos dentro do sistema lingüístico – não haveria, também, uma tentativa (num sentido inverso) de ancoragem das palavras no mundo das coisas. Paralelamente, ou até conjuntamente com esse trabalho do sujeito falante que se serve do procedimento analógico para processar melhor as palavras, não haveria, também, de forma às vezes mais, às vezes menos consciente, seja como a do dialético questionador, seja como uma espécie de chamado selvagem que nos atrai, pelo corpo, para um mundo mais primordial – não haveria, também, uma tentativa constante de aproximar palavras e coisas, num combate interminável entre Apolo e Dioniso?

O certo é que, se a lingüística da língua pode se contentar com a imersão das palavras no universo semiológico em que seriam marcadamente arbitrárias, a lingüística da fala deverá investigar a maneira como o sujeito falante, na ação constante de criar e recriar palavras, aponta para o mundo das coisas, buscando uma ancoragem das palavras nesse universo da realidade. Talvez possamos, então, compreender melhor como se dá a dialética entre língua e fala que movimenta o imenso mecanismo da linguagem. Nesse sentido, a ressalva que Benveniste (1995, p.55-9) pretendeu fazer a Saussure veio, na verdade, apenas confirmar algo que já estava presente no Curso de lingüística geral, a convivência e complementaridade dos conceitos de arbitrariedade e de necessidade, o que pode ser percebido na "carta forçada" de Saussure (1975, p.85): o signo lingüístico é arbitrário, uma vez que o consideremos de fora do sistema lingüístico e comparando-se as línguas entre si, mas se mostrará necessário para o sujeito falante imerso nesse sistema.

Outra questão, no entanto, é essa a que Platão alude pelas falas de Sócrates, mesmo porque é essa mesma concepção do Crátilo, da eventual ligação entre palavras e coisas, que Saussure nega enfaticamente, fornecendo o fundamento epistemológico de parte significativa da lingüística que atravessou o século XX.

Como aponta Deleuze, há algo insubstituível no pensamento platônico, que consiste na divisão inerente à dialética da diferença e que, no caso dos dois diálogos que viemos acompanhando, manifesta-se na divisão, por um lado, no campo do conhecimento, pela constatação de que saber é não saber (e o não, aqui, não participa como elemento contraditório, como um não-ser como ser do negativo, mas como algo inerente às multiplicidades problemáticas); por outro lado, no campo da linguagem, pela constatação de seu aspecto múltiplo, heterogêneo, em que, se é fato que os signos são arbitrários e convencionais, também é verdadeiro seu vínculo com o mundo das coisas.

Resta saber, de toda maneira, como interpretar essa vocação íntima da linguagem para a imitação, a partir de uma ótica contemporânea. Será difícil e arriscado tirar uma conclusão definitiva sobre o que Sócrates-Platão quis dizer, exatamente, com imitação da realidade, mas podemos, fenomenologicamente, com base em nossos utensílios culturais (cf. Merleau-Ponty, 1984, p.132), elaborar uma conclusão, o que, de resto, é o que temos tentado fazer, pela instauração de diálogos entre pensadores de diversas épocas, sem a pretensão do acesso ao pensamento original, que, nesse sentido, encontra-se perdido nas brumas do passado.

Alguns dialéticos marxistas podem nos ajudar nesse empreendimento, sejam eles Bakhtin e Vygotsky. Também o pensamento desses dialéticos permanece muitas vezes mal compreendido, porque elimina-se, exatamente, seu caráter complexo, multifacetário, e apreende-se somente parte de sua abordagem, numa concepção mecânica que tende a querer ver refletida a realidade material no mundo das palavras e do pensamento.

Bakhtin (1995) chama a atenção para esse perigo e para o risco de sermos, apenas, "medíocres dialéticos", quando tendemos a enfatizar excessivamente o caráter não-reiterável, historicamente único de cada enunciação concreta.

É assim que, em se tratando da significação lingüística, propõe que a abordemos em sua duplicidade: por um lado, tendo em vista o tema da enunciação, em relação direta com o contexto e na sua dependência; por outro, considerando a significação, esta relativamente estável, convencional e abstrata. É o jogo entre tema e significação que revela, com clareza, a multiplicidade de sentidos possíveis de uma palavra: se, por um lado, há uma tendência à estabilização, à univocidade, calcada na tradição e na convenção, por outro, as palavras vão adquirindo conotações diversas, de acordo com os contextos em que são utilizadas (contextos temporais, espaciais e propriamente lingüísticos ou culturais) e é no embate, no dilaceramento entre tema e significação que se instaura o sentido, de forma dialógica, ativa e responsiva, em que, à palavra do outro, opomos uma contrapalavra. Assim, a palavra só adquire sua plena significação como forma temática, traço de união entre os interlocutores, e não, exclusivamente, por seu valor estável e convencional, sempre idêntico a si mesmo. É nesse sentido que, para Bakhtin (1995, p.41), "o signo lingüístico reflete e refrata a realidade em transformação".

Coerente com a lógica do pensamento marxista e sua dialética baseada na negação, na contradição e na síntese rumo a uma etapa superior, Bakhtin estabelece o vínculo entre o horizonte apreciativo de um dado grupo social e a expansão da infra-estrutura econômica.

A orientação apreciativa é um indício de que uma determinada significação entrou no horizonte dos interlocutores – tanto no horizonte concreto, imediato, como no horizonte social mais amplo. Nesse sentido, essa apreciação social seria fundamental para compreender a evolução histórica do tema e das significações que o compõem, entendendo-se por horizonte apreciativo tudo o que tem sentido e importância aos olhos de um determinado grupo, tudo o que foi, de alguma forma, integrado no círculo do interesse social.

Segundo a concepção de Bakhtin, o alargamento da dimensão apreciativa dá-se de forma dialética, complexa, envolvendo um embate entre os elementos antigos, previamente estabelecidos e estabilizados, e os novos, que passam a submetê-los a reavaliação, embate que transforma o signo numa arena onde se desenvolve a luta de classes, num entrecruzamento de índices de valor que torna o signo vivo e móvel, capaz de evoluir.

Em lugar dos traços largos e abrangentes de Bakhtin, vamos encontrar em Pensamento e linguagem, de Vygotsky, uma reflexão detalhada sobre os vínculos entre pensamento e linguagem, que redundam no vínculo entre palavras e coisas. A questão que envolve os elementos (básica, como vimos, para o pensamento socrático) aparecerá logo no início e, como dialético, Vygotsky também vai problematizar a análise tradicional em elementos componentes (comparável à análise química da água em hidrogênio e oxigênio, sendo que nenhum deles apresenta as propriedades do todo) e propor, em vez disso, o que denomina análise em unidades, método dialético que combina a análise e a síntese, e permite o estudo adequado dos todos complexos.

Nessa análise em unidades, é o significado da palavra que é chamado para o primeiro plano, não se podendo, no entanto, compreendê-lo independentemente da palavra em que se materializa.

Encontramos, em Vygotsky, um aprofundamento da concepção socrática da imitação. Já vimos que, no Crátilo, Sócrates nega que a palavra possa ser o retrato fiel da realidade ("seria risível, Crátilo, o efeito dos nomes sobre as coisas que eles designam, se em tudo eles fossem reprodução exata dessas coisas!" – Platão, 1973, p.183). Assim como Husserl, Vygotsky aponta para a generalização presente nas palavras: haveria, no pensamento e na essência do significado de uma palavra, o reflexo generalizado da realidade. A generalização aparece, nesse caso, como um ato verbal do pensamento, refletindo a realidade de modo bem diverso da sensação e da percepção. Pensamento e linguagem, por outro lado, comparecem, ao mesmo tempo, como instâncias separadas e inalienáveis (noção tipicamente dialética, pela simultaneidade e complexidade que envolve), e o significado vem a ser o ponto de união entre ambos. Considera-se o pensamento verbal, resultante dessa união, como uma forma de comportamento determinado por um processo histórico-cultural e, nessa medida, sujeito a todas as premissas do materialismo histórico (ou seja, determinado, em última instância, pela infra-estrutura econômica).

Mas o interesse de Vygotsky é, por assim dizer, microfísico, pois, embora aponte para essa determinação social mais ampla, é na aquisição da linguagem e do pensamento infantis que vai se deter para, a partir daí, tirar suas conclusões.

No que concerne à relação entre palavras e coisas, chama-nos a atenção, particularmente, o desenvolvimento do pensamento infantil na formação de conceitos e a maneira como Vygotsky generaliza, aplicando conclusões a respeito do desenvolvimento dos significados na criança à formação de conceitos dentro de uma sociedade. Dessa maneira, lida com a dinâmica e o desenvolvimento na formação de conceitos, e não com o produto acabado, levando em consideração não só as palavras, mas a percepção e a elaboração mental do material sensorial que dão origem ao conceito, dentro da convicção de que tanto o material sensorial quanto a palavra em si são partes indispensáveis à formação de conceitos.

Nessa medida, indiretamente, está pondo em questão a concepção saussuriana em que as palavras adquirem sentido (valor) dentro de um jogo entre palavras no sistema lingüístico, e introduzindo o mundo da realidade, das coisas, na formação dos significados, de tal modo que esta passa a se apresentar como um processo criativo, e não mecânico, passivo. O conceito surge e se configura no curso de uma operação complexa, e a palavra exerce, nesse processo, papel fundamental, mediador, desempenhando, em princípio, a função de meio na formação de um conceito e, só posteriormente, tornando-se seu símbolo. Isso se explica pelo fato de que os conceitos completamente formados aparecem relativamente tarde, embora as crianças comecem cedo a utilizar palavras que, assim, exercem a função de conceitos e podem servir como meio de comunicação, muito antes de atingir o nível de conceitos característico do pensamento adulto plenamente desenvolvido.

Torna-se interessante acompanhar os diferentes estágios de formação de conceitos na criança, detectados por Vygotsky e sua equipe de pesquisa, não apenas por curiosidade a respeito da formação do pensamento infantil e eventuais aplicações na educação escolar, mas pelo quadro heterogêneo que fornecem a respeito da linguagem, heterogêneo por envolverem palavras e coisas, e não só palavras, e, também, por apontarem para uma diversidade no uso da linguagem dentro de dada sociedade, mesmo porque, conforme indicam resultados de pesquisa, elementos presentes no pensamento da criança permanecem no mundo conceitual adulto.

Assim, antes de chegar ao pensamento verbal conceitualizado plenamente desenvolvido e relativamente independente da percepção, a criança atravessa os estágios caracterizados pelo sincretismo (em que há uma fusão de elos objetivos e subjetivos que se estabelecem entre as coisas) e pelo pensamento por complexos, relativamente coerente e objetivo, em que as ligações se fazem com base em componentes concretos e factuais, sem a abstração e a lógica próprias do pensamento adulto. Qualquer conexão factualmente presente pode levar à inclusão de certo elemento em um complexo, diferente do que acontece com o conceito plenamente formado, portador de uma unidade lógica.

Dessa forma, embora a criança possa dominar um certo número de palavras e estabelecer compreensão com o adulto por meio delas, referindo-se aos mesmos objetos, sua maneira de pensar a mesma coisa dá-se de forma diferente, por meio de operações mentais diferentes, havendo, assim, coincidência quanto aos referentes, mas não quanto aos significados.

A forma associativa, própria do pensamento por complexos infantil, revela-se, também, em línguas antigas, como o hebraico, o chinês, o latim, em que uma mesma palavra pode indicar, às vezes, o seu oposto, e poderá ser encontrada nos povos primitivos, como é o caso dos índios bororo, que se orgulham de serem papagaios vermelhos, estabelecendo, com isso, uma estrita relação entre elementos que, para o mundo do pensamento adulto civilizado, não teriam nenhuma proximidade. A palavra, nesse caso, não funciona como portadora de um conceito, mas como um "nome de família" para grupos de objetos concretos, associados, não logicamente, mas factualmente.

As reflexões de Vygotsky tornam-se, justamente, mais interessantes para o lingüista e para o filósofo da linguagem, quando o estudioso passa a estabelecer um paralelo entre o desenvolvimento de conceitos no pensamento infantil e a história da linguagem, do desdobramento conceitual de determinada palavra em certo idioma, revelando que o pensamento por complexos, com todas as suas particularidades, é o fundamento real do desenvolvimento lingüístico, em que as transferências de significado constituem a regra, e não a exceção. Um exemplo do russo é elucidativo e nos faz lembrar as considerações de Sócrates para Crátilo:

> O russo tem uma palavra para dia-e-noite: sutki. Originalmente, essa palavra significa costura, a junção de dois pedaços de pano, algo entretecido; depois, passou a significar qualquer tipo de junção, por exemplo, a de duas paredes de uma casa e, portanto, um canto; começou a ser usada, metaforicamente, com o significado de crepúsculo, "quando o dia e a noite se encontram"; depois passou a significar o período entre um crepúsculo e outro, isto é, o sutki atual de 24 horas. Coisas tão diferentes como uma costura, um canto, o crepúsculo e 24 horas são agregadas num único complexo ao longo da evolução de uma palavra, da mesma forma que a criança incorpora coisas diferentes em um grupo com base na formação concreta de imagens. (Vygotsky, 1993, p.64)

Assim, ao ser atribuído pela primeira vez, um nome nunca é um conceito, tendo uma característica ao mesmo tempo muito ampla e muito limitada. Uma vez que não representam a verdadeira natureza da coisa nomeada (e aqui vamos entendendo melhor como se resolve a dualidade socrática), pois, freqüentemente, novos fenômenos ou objetos são designados em razão de atributos que, ao menos aparentemente (ou do ponto de vista do pensamento lógico conceitual) não lhes são essenciais, os mesmos epítetos podem ser aplicados a outras criaturas. Com isso, temos, como resultado, "uma luta incessante, no âmbito da língua em desenvolvimento, entre o pensamento conceitual e o legado do pensamento primitivo por complexos. O nome criado por um complexo, com base em um atributo, entra em conflito com o conceito que passou a representar. Na luta entre o conceito e a imagem que deu origem ao nome, a imagem geralmente desaparece; desaparece da consciência e da memória, e o significado original da palavra é finalmente obliterado" (Vygotsky, 1993, p.64).

Se existe, portanto, um procedimento analógico em funcionamento dentro do sistema lingüístico a fornecer elementos para a formação de novas palavras, existe um outro tipo de procedimento, também analógico, baseado na contigüidade ou na semelhança, mas com elos concretos, típicos do pensamento por complexos. É assim que se formam novas palavras, transferindo-se nomes para novos objetos, por meio de um agrupamento de coisas heterogêneas, como se pode perceber em expressões do tipo de "perna de mesa", "cotovelo da estrada", "pescoço de uma garrafa", "engarrafamento".

Vygotsky (1993, p.65) assevera, lembrando-nos, mais uma vez, o Crátilo:

> A palavra primitiva não é um símbolo direto de um conceito, mas sim uma figura, um esboço mental de um conceito, um breve relato dele – na verdade, uma pequena obra de arte. Ao nomear um objeto por meio de um tal conceito pictórico, o homem relaciona-o a um grupo que contém um certo número de outros objetos. A esse respeito, o processo da criação da linguagem é análogo ao processo da formação dos complexos no desenvolvimento intelectual da criança.

À luz de Vygotsky, compreendemos melhor o diálogo platônico e a lamentação socrática: "o ideal seria que todas as palavras, ou a maioria delas, fossem semelhantes, isto é, apropriadas às coisas designadas; o pior seria o contrário disso".

O que Vygotsky nos mostra é uma evolução, tanto no mundo do pensamento infantil quanto na história das sociedades, desde um estágio de pensamento mais concreto, mais voltado para o mundo real, até um estágio mais conceitual, de maior abstração lógica, em que vai se perdendo esse elo da percepção das coisas reais. Mas não chega a questionar essa passagem, nem a considerá-la indesejável, ou a propor algum tipo de retorno necessário a um relacionamento mais palpável com esse mundo das coisas.

Aponta para a heterogeneidade da linguagem, porém mais para chamar a atenção para seu caráter de processo evolutivo. Nesse sentido, haverá algo de insubstituível no pensamento saussuriano e que nem sempre foi bem compreendido, que é o apelo para o corte sincrônico, em que podemos nos dar conta, melhor, das heterogeneidades presentes em certo momento histórico, sem nos importar, momentaneamente, com os desdobramentos anteriores ou posteriores: "verificar, entre as fibras, certas conexões que não se poderiam jamais distinguir num plano longitudinal" (Saussure, 1975, p.104).

Esse corte sincrônico não significa a imobilização, o engessamento da língua; ao contrário. Significa poder entrever todos os movimentos presentes em determinado momento histórico. É claro que, agora, interessa-nos ver esses movimentos não exatamente como o lingüista suíço propôs, no jogo estrutural das palavras dentro do sistema lingüístico, mas em toda sua amplitude, o que significa, também, incluir em nossa visada esse elo entre palavras e coisas.

Nesse momento, acreditamos ser, também, necessário chamar o Lévi-Strauss de O pensamento selvagem (1964) para melhor compor essa orquestração, lembrando-nos do alerta do antropólogo, para quem o pensamento selvagem não é inferior àquele do homem civilizado, mas é, à sua maneira, igualmente científico. Assim, acreditamos, poderemos compreender melhor a dinâmica da linguagem presente em nossa sociedade, abandonando pressupostos (às vezes presentes nas linhas da obra de Vygotsky) de um pensamento "mais elaborado" (que seria o pensamento verbal conceitualizado do "mundo adulto" – mas isso é, também, uma generalização). Nesse sentido, a noção do diferente será mais bem-vinda do que qualquer noção que inclua apreciações valorativas.

Além disso, cabe-nos compreender melhor esse embate entre o conceito relativamente abstrato e a imagem mais concreta, em suas idas e vindas, e não só na forma de um movimento ascendente. Se é fato que a imagem gradualmente desaparece, dando lugar ao conceito mais abstrato e convencional, precisamos averiguar de que maneira haveria novas tentativas de vínculo entre palavras e coisas, na busca de recuperar esse elo mais primordial.

Nesse sentido, Vygotsky e Bakhtin quem sabe ainda estejam excessivamente imbuídos da dialética hegeliana em seu movimento espiral ascendente e caberia (talvez até sem negar essa possibilidade teórica, mas deixando-a de lado momentaneamente, à maneira da redução fenomenológica husserliana) investigar a realidade mais de perto, numa tentativa, também, de nos aproximar do mundo das coisas, para compreender as forças que estão em jogo e seu poder de afirmação. Para isso, mais uma vez, o pensamento saussuriano pode ser esclarecedor, uma vez que a dialética que se vislumbra nele inclui um movimento de vaivém que envolve as palavras, da dimensão gramatical para a lexicológica, e vice-versa, e que não postula qualquer movimento propriamente ascendente, mas, em vez disso, a presença de uma tensão no universo lingüístico.

Na verdade, o próprio Vygotsky, embora, de um modo geral, aponte para o caráter evolutivo, também fornece deixas para essa compreensão mais global e complexa (o que é característica, aliás, de um pensamento dialético), ao apontar para o fato de que até o adulto "normal", capaz de formar e utilizar conceitos mais abstratos, não opera coerentemente com conceitos ao pensar, desviando-se, constantemente, para o pensamento concreto semelhante ao pensamento por complexos. Mesmo aquela forma de pensamento transitória, considerada pelo autor, dos pseudoconceitos, não seria exclusiva das crianças, sendo perceptível, com freqüência, em nossa vida cotidiana do mundo adulto.

Outro gancho que um lingüista pode extrair do pensamento de Vygotsky (que, nesse sentido, apresenta-se como programa, ainda, sujeito a muitos desdobramentos) encontra-se em sua reflexão sobre a formação dos conceitos nos adolescentes e sobre a dificuldade que estes demonstram, em princípio, para expressar conceitos em palavras, como também para aplicar um conceito adquirido a novas situações concretas, o que revela um movimento incessante do concreto para o abstrato e do abstrato para o concreto:

> Quando se examina o processo de formação de conceitos em toda a sua complexidade, este surge como um movimento do pensamento dentro da pirâmide de conceitos, constantemente oscilando entre duas direções, do particular para o geral e do geral para o particular. (1993, p.70)

Essa constatação, de teor dialético por seu caráter dinâmico e globalizador, vem derrubar a concepção da psicologia tradicional, considerada, pelo autor, totalmente desvinculada da realidade, ao supor que os conceitos se formam por abstração, à maneira das fotografias de família superpostas, em que sobressaem apenas os traços comuns. Dentro desse esquema da lógica formal, os conceitos se formariam, assim, pela intensificação dos traços comuns a um certo número de objetos. A soma desses traços seria o conceito.

Apesar de podermos encontrar certas características dialéticas no pensamento saussuriano, a exclusão categórica do mundo da realidade natural em sua concepção do signo lingüístico traz, como resultado, ao menos nesse ponto, essa tendência à abstração da lógica formal, pois concebe-se a língua como um conjunto de traços, de invariantes homogêneas detectáveis na heterogeneidade da linguagem, e os conceitos, conseqüentemente, se formariam unicamente dentro desse universo de palavras, relativamente abstrato e convencional.

Levada às suas últimas conseqüências, essa concepção conduziria à constatação, tradicional em psicologia, de que as crianças adquirem uma língua apenas em contato com a linguagem que as circunda e sem referência ao mundo da realidade.

É essa visão que Vygotsky contesta, provando, experimentalmente, que não tem base na vida real do mundo da linguagem e do pensamento, e que a formação de conceitos nunca corresponde a esse esquema lógico da simples interação das associações. Os conceitos evoluem de forma diferente da elaboração deliberada e consciente da experiência em termos lógicos, e a análise da realidade, com a ajuda de conceitos, precede a análise dos próprios conceitos.

No entanto, conforme já sugerimos anteriormente, não é essa visão evolutiva que nos interessa, mas o quadro heterogêneo que nos fornece com relação à linguagem, uma vez que esses diversos comportamentos poderão ser detectados numa mesma sociedade, num mesmo momento histórico, independentemente da faixa etária e, possivelmente, da classe social, denunciando, de toda maneira, uma tensão da linguagem entre palavras e coisas.

Não creio que consiga compreender o que Lobachevsky quis dizer, quando afirmou, ainda no século XIX e revolucionando a geometria tradicional, que por um ponto fora de uma reta passam inúmeras paralelas. Mas, seja como for, isso me sugere a alusão a um mundo multidimensional, a algo que, talvez, ainda não tenhamos alcançado desenvolver em todos os seus desdobramentos.

Nesse sentido, o conceito de sincronia, que a física relativística de Einstein adotou, em contraste com a física clássica, e que Saussure propôs como eixo das simultaneidades apropriado para os estudos lingüísticos e para toda ciência que lide com valores, ainda merece aprofundamento, no que tem – paradoxalmente, pois viu-se nele a tendência ao imobilismo –, no que contém de dinamismo, de abertura para o heterogêneo e multifacetário.

A literatura do século XX tem algo a nos dizer a esse respeito, quando vemos James Joyce misturar passado e presente, mito e realidade, elementos, enfim, heterogêneos num mesmo plano em Finnegans Wake, ou Eliot chamar para a sua Waste Land todos os restos, resíduos, retalhos, "wastes", para uma Terra desolada do aqui e agora, invertendo a concepção histórica tradicional em sua linearidade, em seu isto antes e aquilo depois, experiência, aliás, realizada por Mário de Andrade em Macunaíma.

Como disse, em algum lugar, Merleau-Ponty: é esse misto que devemos descrever. Chamar o passado para o presente, mostrar que elementos do passado persistem no presente, chamar mito e realidade, convocar palavras e coisas – eis uma missão que nos parece reservada e que o passado nos deixou como legado e como desafio.

A releitura dos diálogos platônicos que tratam da linguagem e do conhecimento, entremeando-os com falas de nossa contemporaneidade, faz parte desse empreendimento, ressaltando-se que não se trata de, com isso, querer detectar possíveis continuidades, tampouco de supor, apenas, rupturas, mas de chamar a atenção para permanências, para convivências, juntamente e apesar de todas as mudanças, como se pudéssemos vislumbrar um eterno retorno, mas um retorno que se dialetiza e se complexifica a cada nova retomada, à maneira da seqüência MCV da biblioteca borgiana, em que, a cada reaparição, os termos, aparentemente os mesmos, vão se tornando sempre mais complexos e adquirem novos valores por força da contigüidade dos demais: "o valor de MCV na terceira linha da página 71 não era o que pode ter a mesma série em outra posição de outra página..." (Borges, 1974, p.467).

Além disso, trata-se de evitar generalizações perigosas que podem conduzir à postulação de um ser humano metafísico, o chamado "homem ocidental", e de vislumbrar, de preferência, heterogeneidades, pois, numa mesma sociedade, convivem formas diferentes de pensamento, diferentes maneiras de conviver com palavras e coisas.

As heterogeneidades para as quais procuramos chamar a atenção acrescentam-se, nessa medida, àquela heterogeneidade vinculada, particularmente, com a questão bakhtiniana da polifonia. Mas não se trata da mesma questão. No nosso caso, queremos ressaltar essa heterogeneidade que tem duas características peculiares básicas, aliás, intimamente relacionadas.

Por um lado, o reconhecimento de que o mundo das coisas participa, numa relação dialética complexa, do mundo da linguagem. Nesse sentido, seria o caso de aprofundar aquilo que já foi identificado por Austin, Benveniste, Vygotsky, e pelo próprio Bakhtin, porém sempre dentro de uma abordagem dialética, problemática, complexa, da forma como vem sendo desenvolvida, por exemplo, pela Teoria da Enunciação, de Antoine Culioli. É bom lembrar que lingüistas que estão, hoje, pensando a questão da continuidade tendem a enfatizar a relatividade da teoria da natureza arbitrária do signo, como é o caso de Vandeloise (1991, p.93-4), lingüista envolvido com a semântica cognitiva e que defende a teoria da motivação das categorias gramaticais.

Por outro lado, trata-se de apontar para maneiras diversas de lidar com palavras e coisas numa mesma sociedade, num mesmo momento histórico. Agora, é o caso de levar às últimas conseqüências o conceito de sincronia e sua riqueza potencial para as ciências humanas, sempre que lide com valores. À luz da amplitude de uma concepção sincrônica, também o enfoque foucaultiano de As palavras e as coisas precisa ser desdobrado, pois, apesar de apontar para certas simultaneidades, ainda guarda um teor excessivamente diacrônico, em que as fases, os paradigmas, as epistemes se sucedem por meio de rupturas e limites. Para além dessa constatação, é necessário detectar, também, permanências, repetições, no sentido deleuziano. Se há rupturas, há, também, permanências (continuidades, sim, mas num sentido complexo) e o que se vê, hoje, no mundo da ciência é algo misto, em que elementos cartesianos convivem, problematicamente, com traços de um pensamento fenomenológico/marxista, por exemplo. Além disso, as próprias rupturas são dialéticas e trazem em seu seio elementos milenares. E, para além do mundo das ciências humanas e das ciências em geral, há ainda aquele do homem comum, e o homem de ciência corre o risco de se isolar nas academias e não se dar conta das multiplicidades que fervilham fora dos muros das universidades, multiplicidades, aliás, de que ele próprio também faz parte, como ser completo e complexo, que transcende sua dimensão mais marcadamente racional.

PARTE II

Todos os textos exprimem-se uns nos outros,
isto quer dizer que a diferença entre o texto
científico e o texto literário é anulada, não à força,
mas pela invenção de um caminho que,
partindo de um, acaba chegando ao outro.
(Vincent Descombes)

Como observa Saussure, temos o sentimento
de que nossa língua exprime totalmente.
Mas, não é porque exprime totalmente que
ela é nossa, é porque é nossa que
acreditamos que exprime totalmente.
(Maurice Merleau-Ponty)

Escavação no outro em direção do outro
em que o mesmo procura o seu veio
e o ouro verdadeiro do seu fenômeno.
(Jacques Derrida)

Haverá um dia um livro especial e muito
interessante a escrever, sobre o papel da palavra
como principal perturbador da ciência das palavras.
(Ferdinand de Saussure)

SAUSSURE, A FENOMENOLOGIA E A DIALÉTICA DA DIFERENÇA

Saussure e Husserl foram contemporâneos,[1] e é possível encontrar esclarecimentos mútuos, como que num jogo de espelhos (sem, com isso, estar supondo influências recíprocas), pela maneira peculiar com que cada um deles vivencia a Dialética, uma vez que, por expressarem um pensamento complexo, multifacetário, nem sempre foram bem compreendidos e acabaram, muitas vezes, sendo vítimas de interpretações redutoras e hipostasiadas, numa devoração de Dioniso por Apolo.

Vamos nos deter no contraste entre a fenomenologia de Husserl (e seu desdobramento na filosofia de Merleau-Ponty) e a lingüística saussuriana, mas, simultaneamente, estaremos apontando para possíveis aproximações entre o pensamento de Saussure e a Dialética da diferença de Deleuze (vista, às vezes, pela forma como este interpreta o pensamento de Nietzsche), conscientes, naturalmente de que interpretar é, também, transcender, ultrapassar: não estamos, apenas, querendo dizer que elementos husserlianos ou nietzschianos podem ser encontrados no Curso de lingüística

1 Esta segunda parte está inserida em dissertação de Mestrado defendida junto à UNESP de Araraquara, sob o título Lingüística: entre Apolo e Dioniso (1999), com apoio de bolsa do CNPq. A voz de Deleuze veio se acrescentar mais tarde.

geral". Ler é, também, transcender, encontrar lacunas e tentar preenchê-las, captar nuanças e desenvolvê-las.

É certo que Deleuze já chamou a atenção para a inspiração nietzschiana presente na fenomenologia e para o fato de que é em Nietzsche que a filosofia dos valores se realiza como crítica verdadeira, única maneira de realizar a crítica total, de fazer "Filosofia a marteladas", o que teria se diluído na fenomenologia, colaborando para o engendramento do conformismo moderno.

Mas é possível ver, em Saussure, certamente de forma mais branda, o esboço de uma crítica, justamente na medida em que nega um sentido interno, imanente às palavras (caro à lógica de Port-Royal e a todas as filosofias idealistas e metafísicas), e desvela um mundo de palavras cujo significado se dá, primordialmente, pelos valores que adquirem dentro do sistema, desmitificando, com isso, toda inocência desejada na linguagem e apontando para um universo lingüístico marcado pelo convencionalismo, por aquilo mesmo que Sócrates julgou indesejável.

Passemos, por ora, à fenomenologia...

A fenomenologia abre o século XX com uma proposta antimetafísica, antiespeculativa e, por meio da intencionalidade, da dissolução do Sujeito no Objeto.

Nega a possibilidade de sondar a essência em seu próprio interior, na mesma medida em que nega um transcendentalismo que pairasse acima dos seres.

O objeto dá-se como fenômeno, o que não for fenômeno não será um ser, o que não significa que só existe como aparência fenomenal, dada, real. Também não significa exatamente que o objeto só existe como atividade, ato dinâmico, movimento. É algo próximo disso, mas não é bem isso.

A complexidade da fenomenologia deriva justamente de não se poderem compreender os objetos – nem os conceitos relativos a eles – isoladamente. Nesse sentido, é uma filosofia dialética e exige, para apreendê-la, um pensamento dialético que não se detenha nas partes, que não pretenda compreender nem explicar os objetos em si, isoladamente. Dialética que está milenarmente no Oriente, está em Heráclito, em Platão, em Hegel. Mas não há como apreendê-la com um pensamento acostumado a se deter nas partes.

Em razão disso, os próprios conceitos presentes no pensamento de Husserl não se compreendem isoladamente. Compreender o que é fenomenologia já envolve dar conta da intencionalidade, da dissolução dos limites entre Sujeito e Objeto e, nesse complexo conceitual, do que é essência para Husserl.

Como estamos habituados, por uma tradição milenar no Ocidente, a ver as coisas isoladamente e como, além disso, essas coisas já estão impregnadas de conceitos, resulta difícil percebermos o que é essência sem nos deixarmos contaminar por um mundo das idéias, por uma metafísica, um transcendentalismo.

Por isso, o primeiro ponto dessa caminhada envolve o mergulho na coisa mesma – mas também nisso o empreendimento é desafiador, pois a caminhada fenomenológica não pode aceitar um passo, e depois o outro. Apenas de forma analítica, podemos falar em "primeiro ponto", "primeiro passo". Na mesma medida em que tudo está interligado e as coisas não existem isoladamente, também os procedimentos são simultâneos.

Mergulhar na coisa mesma husserliana é despojar-se de conceitos preconcebidos, ao mesmo tempo em que se compreende a intencionalidade como vínculo entre Sujeito e Objeto, ao mesmo tempo em que se compreende que tudo se dá como fenômeno (o objeto só existe como objeto para o Sujeito e este só existe enquanto visa o objeto).

É nesse sentido que Merleau-Ponty considera que a fenomenologia é tudo ou nada. Ou se entra nessa lógica que ela mesma propõe, ou não se pode compreendê-la. Ou participamos de seu circuito, de sua roda-viva, de sua dinâmica, ou corremos o risco de fragmentá-la, dissipá-la, pensar compreendê-la, quando apenas tecemos estéreis definições a seu respeito.

Também podemos dizer que a fenomenologia é anticientífica por natureza. Anticientífica, uma vez que precisamos nos despojar dos conceitos científicos previamente assimilados para apreendê-la. O mergulho na coisa mesma (e a coisa mesma também pode ser a própria fenomenologia) exige um abandono de conceitos pré-estabelecidos a seu respeito. No limite, exige o abandono do próprio revestimento lingüístico.

Um ponto interessante da fenomenologia – e que em parte responde a essas dúvidas – é sua vocação ao inacabamento, sua despretensão como última palavra. Trata-se de um pensamento radical que, em certa medida, traz, em si, até mesmo os questionamentos contra si próprio.

O retorno à coisa mesma, o retorno ao vivido (vécu) é também o retorno ao Sujeito. Sujeito objetivante, objeto visado, vivido fenomenológico, intencional. Dissolução dos limites entre Sujeito e Objeto.

À primeira vista, parece estranho que o mesmo Husserl insista na redução fenomenológica, em pôr o mundo entre parênteses para atingir a essência da coisa. Também estranho que ele denomine essa essência de transcendental, pois tendemos a compreender essência como algo abstrato ou metafísico, e transcendental como pertencente a um "mundo das idéias" que, de alguma forma, chamamos de "platônico".

Mas, como poderia o mesmo Husserl – que insiste na intencionalidade – estar investigando esse mundo das essências?

Nesse ponto, talvez a contradição nem seja tão aparente, mesmo porque, em razão de uma tradição psicologizante, tenderemos a compreender intencionalidade como intenção, vontade, desejo, algo instalado no indivíduo, próprio a ele.

Uma nuvem de conceitos pré-estabelecidos de forma mais ou menos aprofundada encobre, falsifica, impede o mergulho na coisa mesma da fenomenologia, no ser do pensamento fenomenológico.

Por isso, também para efetuar o mergulho na fenomenologia, é necessário nos despirmos de preconceitos e de revestimentos lingüísticos prévios. Essência não é a essência que supúnhamos. Intencionalidade não é a intencionalidade como intenção, numa compreensão das palavras no senso comum.

O mergulho na fenomenologia de Husserl envolve a disposição de dar às palavras o sentido que passam a assumir dentro daquele universo. Assim, intencionalidade, fenômeno, coisa mesma, essência são termos que adquirem sentido e se limitam em seu contato mútuo.

É porque não há uma realidade essencial, substancial, plena apenas em uma das partes, realizada só no Sujeito ou só no objeto, que essência e intencionalidade se identificam. A essência não está no objeto, nem só no Sujeito, mas na relação Sujeito-Objeto.

Também é por isso que nada existe senão como fenômeno. Se a essência não está apenas em uma das partes, mas na maneira como uma se volta para a outra, visa e é visada, constitui e é constituída, então a essência é fenomenal.

O que não significa que esteja no mundo das aparências. O vivido não é necessariamente o visível, mesmo porque o visível encontra-se enevoado. Portanto, seria uma caricatura dizer que a fenomenologia interessa-se pelo que é real, pelas vivências, pelo que é diretamente dado.

Há, evidentemente, um interesse pelo real, uma volta à coisa mesma, ao vivido, mas não de forma ingênua, como se esse "real" fosse diretamente acessível, como se bastasse uma decisão para poder dar conta dele. Se assim fosse, a fenomenologia não seria uma filosofia complexa, a dialética seria facilmente acessível e todo um esforço secular para atingir as essências na filosofia não teria passado de brincadeira infantil.

O problema é que as coisas estão dadas, porém não temos facilmente acesso a elas. A fenomenologia é uma filosofia radical, porque quer executar o "salto mortal" do mergulho na coisa mesma, sem preconceitos cientificizantes, sem revestimentos lingüísticos prévios. Para isso, desiste de buscar a verdade só no Sujeito, ou só no objeto e, dando-se conta de que o mundo dado não é dado assim, de forma fragmentada, assume seu aspecto fenomenal para ter acesso a ele. Mas fenomenal, no caso, quer, preferencialmente, dizer relacional.

E por que a redução fenomenológica nesse contexto? Se se pretende mergulhar no mundo, por que seria necessário desistir primeiro dele? Ou então: se é essencial a redução fenomenológica, por que voltar ao mundo após chegar a ela?

Todas essas perguntas são viciadas, no sentido de que trazem em si pré-conceitos de um tipo de pensamento lógico, analítico, do "ou isto, ou aquilo", "se isto é verdadeiro, então aquilo é falso". Princípios da não-contradição.

Mas o pensamento dialético é dinâmico e sintético. Se Husserl parte da redução fenomenológica, é porque age como cientista rigoroso, e faz isso e depois aquilo. Seu procedimento é analítico, mas o que quer demonstrar dá-se de forma sintética e dinâmica.

Pôr o mundo entre parênteses é, ao mesmo tempo, uma atitude cartesiana e não-cartesiana, no sentido que Bachelard (1958) dá a essa expressão: o não-cartesiano não é a negação do cogito cartesiano, mas sua expansão. O cogito é, simultaneamente, afirmado e negado e, nessa medida, expande-se. Do cogito clássico ao cogito tácito.

Husserl desvenda um a priori lógico que estaria por detrás de todas as nossas convicções, conceituações, sempre implícito e, por isso, tácito, em todo quefazer científico. Há um Sujeito que visa ao mundo e que o transfigura. Há perspectivas, Abschattungen.

Por trás de todas as afirmações filosóficas e científicas, há um ser que pensa e que dá sentido ao mundo. Volta a Descartes? Sim e não. Sim, porque volta-se ao "penso, logo existo". Não, porque essa constatação não conduz à negação do mundo, mas, sim, à compreensão de que o mundo é fenomenal, de que há um Sujeito intencional que visa e que dá sentido a ele. Porém, já não é o eixo desse mundo, nem a única certeza.

A redução fenomenológica conduz à essência e ao vínculo da intencionalidade. Abandonar o mundo não porque o negamos, mas porque provisoriamente o ignoramos para poder melhor compreendê-lo.

A intencionalidade significa que o Sujeito não está voltado para si próprio, fechado em si. Estamos voltados para fora, visamos o mundo dos objetos, visamos o Outro. Do ponto de vista da dialética, toda relação envolve uma modificação. Por isso, a intencionalidade é transfiguradora, Sujeito e Objeto, Eu e Outro são transfigurados enquanto visam ou são visados.

É nesse sentido que Husserl chega ao conceito de constituição, de gênese. Todo mundo conceitual está fundado no mundo intuitivo, pré-conceitual. A intencionalidade faz parte desse mundo pré-lógico, corporal, que nos vincula ao mundo sem que nos demos conta disso. Mas não é propriamente um inconsciente. É um irrefletido, cogito tácito.

Nessa rede conceitual, em que só compreendemos um conceito em função do outro, surge a intersubjetividade e o lema: "A subjetividade transcendental é intersubjetividade.[2]

O Eu está no Outro. O transcendente é imanente. Volta ao mundo vivido. Volta ao Sujeito. A coisa mesma que não está centrada em si. A essência que se transcende na intencionalidade.

Talvez o mestre Alberto Caeiro possa nos trazer esclarecimentos a esse respeito:

> "Constituição íntima das coisas"...
> "Sentido íntimo do Universo"...
> Tudo isto é falso, tudo isto não quer dizer nada.
> ...
> Sou um guardador de rebanhos.
> O rebanho é os meus pensamentos
> E os meus pensamentos são todos sensações.
> ...
> Pensar uma flor é vê-la e cheirá-la
> E comer um fruto é saber-lhe o sentido
> ...
> Mas isso (tristes de nós que trazemos a alma vestida!),
> Isso exige um estudo profundo,
> Uma aprendizagem de desaprender
> ...
> Triste das almas humanas, que põem tudo em ordem,
> Que traçam linhas de cousa a cousa,
> Que põem letreiros com nomes nas árvores absolutamente reais,
> E desenham paralelos de latitude e longitude
> Sobre a própria terra inocente e mais verde e florida do que isso!
> ...
> Procuro despir-me do que aprendi,
> Procuro esquecer-me do modo de lembrar que me ensinaram

2 "Agora, enfim, compreendo o que quer dizer a enigmática proposição de Husserl: 'A subjetividade transcendental é intersubjetividade'. Na medida em que aquilo que digo tem sentido enquanto falo, sou para mim mesmo um outro 'outro' e, na medida em que compreendo, já não sei mais quem fala e quem escuta ... Ora, é no coração de meu presente que encontro o sentido daqueles que o precederam, que encontro com que compreender a presença de outrem ao mesmo mundo, e é no próprio exercício da palavra que aprendo a compreender" (Merleau-Ponty, 1984, p.140).

...
Sou o argonauta das sensações verdadeiras.
Trago ao Universo um novo Universo
Porque trago ao Universo ele-próprio.
...
Creio mais no meu corpo do que na minha alma,
Porque o meu corpo apresenta-se no meio da realidade.
Podendo ser visto por outros,
Podendo tocar em outros ..."
(Pessoa, 1972, p.203-46)

Saussure e Husserl possuem um passado comum e suas teorias surgem como reação a uma certa visão científica dominante no século XIX. Quando Husserl fez seus estudos na Universidade de Viena, dominavam a psicologia e o psicologismo. Todo o conteúdo do conhecimento reduzia-se à consciência e era considerado como determinação passageira do fluxo incessante de eventos psíquicos. A consciência era considerada a única referência da realidade. Esse psicologismo, por sua vez, consistia numa reação à atitude anterior da especulação do idealismo romântico, que pretendia alcançar o conhecimento absoluto. Já a reação psicológica inclinava-se a reduzir todo conhecimento ao imediatamente vivido. O cosmos espiritual dos românticos cedia lugar a um caos atômico.

Gradualmente, Husserl supera a visão psicológica, subjetiva do conhecimento e chega à noção de uma objetividade que não se baseia no vivido e psicológico, que não provém do imediato, mas que é heterogênea no que concerne a toda atividade mental.

Apesar da possível confusão desse tipo de pensamento com uma filosofia transcendental, a fenomenologia de Husserl difere tanto de uma transcendência formal como do psicologismo empírico. Iniciava-se, portanto, dentro de uma orientação simultaneamente subjetiva e objetiva. Livrava-se, assim, tanto do formalismo kantiano como do relativismo sem solução (que é o limite do empirismo), pretendendo restabelecer a concretude do pensamento. Para Husserl, a subjetividade transcendental tinha a função de servir como fundamento para a subjetividade empírica.

Critica-se, freqüentemente, o aspecto idealista da fenomenologia de Husserl, pois pode levar, no limite, à negação da realidade do mundo, que viraria um fantasma, tudo girando em torno da consciência do sujeito transcendental. Isso nos faz lembrar a crítica ao pensamento saussuriano, muitas vezes apontado como subjetivista ou idealista. Restará esclarecer se essa crítica tem fundamento e se, acaso, a língua para Saussure funcionaria como uma idealidade transcendental – ou se estaria mais de acordo com as essências como "padrões permanentes da experiência", conforme aparecem num dos pontos destacados mais adiante.

Para contornar esse viés idealista do pensamento de Husserl, Pos (1951) propõe encontrar o valor permanente da fenomenologia dentro do real. Destaca, para isso, os seguintes pontos:

- Necessidade de descartar a idéia da constituição do mundo pela subjetividade transcendental. Com isso se evita interpretar a consciência natural do ponto de vista do idealismo.
- Restabelecer o realismo da consciência natural. Deixar, também, de lado a idéia de uma inferioridade do real com relação ao virtual.
- Negar à subjetividade a capacidade de projetar os quadros e os conteúdos possíveis de uma experiência ulterior.
- As essências passam a ser padrões constantes da própria experiência.
- A fenomenologia faz uso de todas as forças da intuição direta que estão em jogo nos contatos de pessoa a pessoa.
- Não se procura explicar, mas entender, no sentido de uma identificação com o outro, dentro do possível.
- A objetivação da fenomenologia é de natureza humana, e não racional.
- Há sempre, para o fenomenólogo, uma convicção íntima de que estamos diante de uma realidade rica, embora de difícil acesso em razão de nossos preconceitos, de nossos valores pretensamente universais.

Merleau-Ponty (1984) lembra que, inicialmente, Husserl propôs a idéia de uma eidética da linguagem e de uma gramática universal que fixaria as formas indispensáveis a toda língua. A língua seria um acompanhamento do pensamento. Em textos mais recentes, no entanto, a língua aparece como uma maneira original de visar certos objetos, como o "corpo do pensamento". Há, assim, um retorno ao sujeito-falante, a meu contato com a língua que eu falo.

Do ponto de vista fenomenológico, isto é, para o sujeito falante que usa a língua como um meio de comunicação com uma comunidade viva, a língua reencontra sua unidade. Não é mais o resultado de um passado caótico de fatos lingüísticos independentes, mas um sistema em que todos os elementos concorrem no esforço de expressão único voltado para o presente, governado por uma lógica atual.

Por meio de certo ilusionismo, parece-nos que as significações já estavam disponíveis, quando, na verdade, a parole tornase disponível na medida de seu uso, infundindo nas significações já disponíveis nova vida.

Por isso mesmo, o signo lingüístico não pode ser concebido como uma transcendência ou uma consciência psicológica centrada no Sujeito. Em vez disso, interessa vê-lo duplamente como antecipação (Vorhabe) – pela qual cada parole ou cada verdade adquirida abre um campo de conhecimento – e como retomada simétrica (Nachvollzug) – pela qual realizamos esse conhecimento ou esse comércio com o outro e os contraímos dentro de uma nova visada. A fenomenologia da parole é a mais apta a revelar a "espontaneidade ensinante" própria da filosofia fenomenológica. Quando falo ou compreendo, experimento a presença do outro em mim ou de mim no outro, ou seja, nos termos de Husserl, "a subjetividade transcendental é intersubjetividade". Se é possível que eu perceba que o que digo tem sentido, é porque também sou, quando falo, um outro outro; inversamente, se compreendo o que me dizem, já não posso ter certeza da dimensão exata de quem sou "eu", quem é o "outro": "não sei mais quem fala, quem escuta" (Merleau-Ponty, 1984, p.108). É no exercício da parole que aprendo a compreender e isso dentro do meu corpo (onde se dissolvem as diferenças entre eu e o outro) e no âmago de meu presente. Compreender o que é esse presente, porém, envolve a compreensão de que, para Husserl, a parole realiza uma localização e uma temporalização de um sentido ideal que, por sua própria natureza, não é nem local, nem temporal. Há, assim, um duplo movimento: da existência ideal que se localiza e temporaliza (sem que venha a derivar do mundo objetivo, nem se suspender a um mundo das idéias) e, inversamente, do ato de fala que, aqui e agora, funda a idealidade do verdadeiro (fazendo repousar sobre a parole o mundo das formações ideais).

Merleau-Ponty (1984, p.105) ajuda-nos a enxergar um problema lógico na interpretação do Curso, uma vez que, como afirma, "a fenomenologia é tudo ou nada": o "eu posso" do corpo, a transgressão intencional que me faz aceder ao outro, a parole que apenas parece ter uma significação pura ou absoluta – esses elementos não podem conviver com uma consciência acósmica ou pancósmica, sob pena de perderem novamente o sentido. A fenomenologia não pode, pois, reconduzir-nos a um mundo das transcendências após ter negado a idealidade psicológica. Em vez disso, deve mostrar-nos que pertencemos a um mundo "pré-construído", ou seja, que somos eu deste corpo, pensamento desta vida encarnada.

Da mesma maneira, o ato comum do significante e do significado não o podemos relegar a um "céu das idéias". Perderíamos sua virtude, o elo que estabelece, como resultado das operações expressivas, entre as significações já disponíveis e aquelas que estamos construindo ou adquirindo.

Como para "el caminante, no hay camino, se hace el camino al andar", para a fenomenologia dizer que há uma verdade significa que, quando meu ato encontra o projeto antigo ou alheio e a expressão libera o que estava cativo, na espessura do tempo pessoal e interpessoal se estabelece uma comunicação interior pela qual nosso presente torna-se a verdade de todos os outros momentos ou tentativas de conhecimento. Essa verdade existe como um limite que atesta que nesse momento aconteceu alguma coisa que se esperava ou se queria dizer havia muito tempo.[3]

3 É sempre difícil, desafiadora essa concepção fenomenológica (e também nietzschiana) que vê a essência na própria existência. Nossos vícios seculares sempre acabam nos fazendo resvalar para certa visão metafísica, que gostaria de ver a essência em algum patamar aquém, ou além da existência. Há uma frase de Machado de Assis, no Dom Casmurro, que é esclarecedora a esse respeito: "Eis meus gestos, eis minha essência" (s. d., p.89).

Fundou-se uma significação, uma experiência transformou-se em sentido e tornou-se verdade. Esta, a verdade, passa a ser sinônima de sedimentação, naturalmente em sentido dialético, em que toda sedimentação é apenas momentânea, precária.

Merleau-Ponty reitera que o eixo dos estudos lingüísticos é o signo – embora, ao menos aparentemente, esse signo, essa sedimentação esteja mais para a parole do que para a langue. Chamamos a atenção, dessa maneira, para a necessidade de coerência lógica na interpretação do Curso – não que haja considerações específicas a esse respeito em seus escritos, mas a exigência de coerência lógica que ele requer para a compreensão do pensamento de Husserl pode ser transferida para a leitura do Curso.

Encontramo-nos diante de uma necessidade de escolha: se compreendemos (particularmente pelo capítulo referente aos "Valores") que o sentido de um signo não está nele próprio e, sim, nas relações "horizontais" que estabelece com outros signos, então, por uma exigência lógica, não podemos afirmar que o signo saussuriano é uma idealidade transcendental, ou mesmo que haja um elo fixo entre significante e significado. Retomaremos essa questão mais adiante.

Vamos rever, no momento, alguns contrastes entre Husserl e Saussure, na tentativa de chegar a uma compreensão mais precisa da dialética saussuriana. Estaremos, sempre, recorrendo à edição brasileira do Curso (Saussure, 1975), na certeza de que, para além de um estudo filológico, que envolveria o acesso às fontes manuscritas – como é o caso do estudo de Simon Bouquet (1997) –, trata-se de esclarecer a Dialética que atravessa a lingüística saussuriana, para melhor nos dar conta de toda a força de seu pensamento.

Husserl adverte que toda ciência rigorosa necessita, como ponto de partida, estabelecer com clareza seu objeto de estudo. Para isso, propõe a redução fenomenológica e com isso chega à essência, a um resíduo fenomenológico, ao ser imanente como conteúdo apenas vivido sem ser percebido como tal.

Trata-se apenas de uma conversão de valor, ou seja, por um ato de liberdade podemos "pôr o mundo entre parênteses", mesmo vivendo nele, para nos dar conta de um certo "irrefletido", algo que já estava em nossa vivência sem que o percebêssemos.

Esse irrefletido é a própria intencionalidade como ocorrência fenomenal: o sujeito só é sujeito enquanto se representa um Objeto que lhe é apresentado; o Objeto só é Objeto em relação ao Sujeito ao qual aparece. Nenhum deles tem autonomia definitiva. Ambos são momentos de intencionalidade, momentos que se pertencem e fazem parte de uma mesma totalidade englobante.

A essência husserliana, portanto, faz parte da própria existência. Ao afirmar que "A subjetividade transcendental é intersubjetividade", Husserl estaria, na verdade, negando a existência de uma subjetividade propriamente transcendental e afirmando a intersubjetividade, a existência concreta, a facticidade como a única possibilidade para essa subjetividade transcendental.

Ou seja, ao afirmar a existência de um mundo das essências, ao qual se teria acesso pela Wesenschau, Husserl estaria, de fato, negando o sentido mais tradicional de "essência". Em vez dela, haveria a imanência concreta, o sich einströmen, a filosofia que desce ao fluxo de nossa experiência, espacializando-se e temporalizando-se: o sujeito que efetua a transgressão intencional só pode fazêlo como ser situado no espaço e no tempo.

É nesse sentido apenas que podemos dizer que a fenomenologia é uma filosofia das essências, lembrando-nos sempre de que a essência, nesse caso, de acordo com uma lógica dialética, está na própria existência e se recorre a ela, à essência, para melhor conhecer e conquistar a facticidade da própria existência.

É com base nesses conceitos da fenomenologia que gostaríamos de compreender melhor, agora, certos trechos do Curso para reconhecer neles, também, a presença de um pensamento dialético e chegar à definição de uma fenomenologia do signo lingüístico. Simultaneamente, estaremos querendo mostrar em que medida Saussure se diferencia e avança em relação à fenomenologia de Husserl.

É na definição mais clara do que seja valor para Saussure, por meio de uma leitura atenta do capítulo "O valor lingüístico", que poderemos compreender em que medida a máxima husserliana "A subjetividade transcendental é intersubjetividade", assim como o conceito de intencionalidade – que possui íntima relação com essa máxima –, podem ser aplicados ao Curso. Perceberemos, também, que a compreensão dessa "fenomenologia do signo lingüístico" será elucidativa para as próprias noções presentes na fenomenologia. Já indicamos que Merleau-Ponty (1984) retrata a parole como um caso eminente das condutas que põem em questão a relação comum entre Sujeito e objetos, fazendo que se invertam as funções de intencionalidade e de objeto intencional e evidenciando uma totalidade englobante em que se dissolvem os limites rígidos entre o eu e o outro. Porém, é ao nos darmos conta de algo mais abrangente, que estamos chamando de "fenomenologia do signo lingüístico", que fica mais claro o que são as essências para a fenomenologia, e em que medida essas essências são encontráveis na própria existência.

A noção de valor aparece, pela primeira vez, no capítulo "A lingüística estática e a lingüística evolutiva". Propõe-se a necessidade da separação dos estudos lingüísticos em dois eixos, o sincrônico e o diacrônico, necessidade premente para ciências que lidam com a "noção de valor", como é o caso, também, da economia política e da história econômica: "nas duas ciências, trata-se de um sistema de equivalência entre coisas de ordens diferentes: numa, um trabalho e um salário; noutra, um significado e um significante" (Saussure, 1975, p.95). (Veremos, mais adiante, que é na relação "horizontal", de signo a signo, que mais marcadamente se estabelece o valor saussuriano.)

O eixo sincrônico, das simultaneidades, concerne às relações entre coisas coexistentes, "de onde toda intervenção de tempo se exclui..." (ibidem).[4] O eixo diacrônico, das sucessões, inclui todas as coisas do primeiro eixo com suas transformações.

Segundo Saussure, essa separação é obrigatória para ciências que trabalham com valores e, mais particularmente, para a lingüís-

4 Só a compreensão do eixo sincrônico como método de abordagem (e não como qualidade dos fatos lingüísticos) pode explicar essa exclusão do tempo. Robert Godel (1984, p.87) pronuncia-se a esse respeito: "De fato as duas distinções não pertencem ao mesmo objeto. Língua e fala são divisões na realidade lingüística, isto é, na linguagem humana; sincronia e diacronia são divisões necessárias na ciência da linguagem. Saussure interessou-se primordialmente pela primeira, porque estava à procura de um princípio metodológico".

tica: "É ao lingüista que tal distinção se impõe mais imperiosamente, pois a língua constitui um sistema de valores puros que nada determina fora do estado momentâneo de seus termos" (ibidem).

Com respeito à ciência econômica, é possível acompanhar a evolução de um valor no tempo, uma vez que ainda permanece certa relação entre o valor e o objeto (como no caso de se estabelecer um preço para um terreno com base em sua produtividade). Nesse caso, pode-se acompanhar, até certo ponto, o valor no tempo, pois sua variabilidade é limitada, uma vez que a apreciação não é totalmente arbitrária.

O mesmo não acontece na ciência lingüística, pois nela os dados naturais não têm lugar:

> Acrescentemos ainda que quanto mais um sistema de valores seja complexo e rigorosamente organizado, tanto mais necessário se faz, devido à sua complexidade, estudá-lo sucessivamente segundo seus dois eixos. Sistema algum apresenta esse caráter tanto quanto a língua: em parte alguma encontra-se tal precisão de valores em jogo, um número tão grande e uma diversidade tamanha de termos, numa dependência recíproca tão estrita. A multiplicidade dos signos, já invocada para explicar a continuidade da língua, nos impede absolutamente de estudar-lhe, ao mesmo tempo, as relações no tempo e no sistema. (p.96)

Além da necessidade de rigor científico, que impõe essa separação dos dois eixos, é a própria condição do sujeito falante – e a necessidade de o lingüista se pôr em seu lugar para melhor compreender os fatos da língua – que exige a tomada em consideração do eixo sincrônico, uma vez que "para o indivíduo falante, a sucessão deles no tempo não existe: ele se acha diante de um estado" (p.97).

Dessa maneira,

> Também o lingüista que queira compreender esse estado deve fazer tabula rasa de tudo quanto produziu e ignorar a diacronia. Ele só pode penetrar na consciência dos indivíduos que falam suprimindo o passado. A intervenção da História apenas lhe falsearia o julgamento". (p.97)

Parafraseando Merleau-Ponty, quando este diz que "O sujeito que realiza a transgressão intencional não saberia fazê-lo senão enquanto está situado", podemos dizer que o Sujeito que fala não saberia fazê-lo senão enquanto está situado: ele se acha diante de um estado. Da mesma maneira, o lingüista que queira realizar a transgressão intencional livre de preconceitos, penetrando na consciência dos indivíduos, precisa também situar-se para poder vivenciar a experiência do sujeito falante.

Percebemos, nessa postura do cientista de querer ver os fatos lingüísticos tais quais o falante os vê, uma volta-às-coisas-mesmas, num abandono de julgamentos preconceituosos e de abstrações. É um parágrafo desse capítulo "A lingüística estática e a lingüística evolutiva" que vai nos dar, contrastivamente, a dimensão exata dessa volta-às-coisas-mesmas:

> Após ter concedido um lugar bastante grande à História, a Lingüística voltará ao ponto de vista estático da gramática tradicional, mas com um espírito novo e com outros processos, e o método histórico terá contribuído para esse rejuvenescimento; por via indireta, será o método histórico que fará compreender melhor os estados da língua. A gramática antiga via somente o fato sincrônico; a Lingüística nos revelou uma nova ordem de fenômenos; isto, porém, não basta: é necessário fazer sentir a oposição das duas ordens e daí tirar todas as conseqüências que comporta. (p.98)

Vamos por partes:

- a gramática tradicional (ou seja, a gramática de Port-Royal) possui um lado positivo – o de encarar os fatos em seu estado momentâneo –, porém de forma abstrata, sem referência aos fatos históricos;
- os estudos históricos (refere-se aqui aos comparatistas, particularmente a Bopp) mergulharam excessivamente na diacronia, mas contribuíram, rejuvenescendo a ciência lingüística com a inclusão da história;
- no enfoque saussuriano, haverá opção pelo eixo sincrônico rejuvenescido pelo enfoque histórico. Ora, se o método histórico contribuiu para o rejuvenescimento, não poderá ser simplesmente excluído: "por via indireta, será o método histórico que fará compreender melhor os estudos de língua".

Precisaremos compreender melhor que "via indireta" é essa: se, anteriormente, postulou-se a exigência da separação entre os dois eixos, como pode ser que agora o método histórico faça compreender melhor os estados de língua?

Essa exigência da separação dos dois eixos aparecerá ainda mais taxativa: "A oposição entre os dois pontos de vista – sincrônico e diacrônico – é absoluta e não admite compromissos" (ibidem).

Os exemplos fornecidos no mesmo capítulo poderão elucidar a questão:

1 Dois termos coexistem numa língua num momento dado e se relacionam: "un mur décrépi" e "un homme décrépit". A massa dos falantes estabelece uma relação entre ambos, embora historicamente nada tenham a ver um com o outro. Para que a relação se tornasse possível, contribuíram fatores fortuitos de evolução. Os fatos diacrônicos não têm relação nenhuma com a possibilidade sincrônica de relação (valor) que produziram.

2 As mudanças fortuitas conduzem, sem pretendê-lo, a novos sistemas de valores. Assim, por exemplo, a relação singular/plural fazia-se, no antigo alto alemão, gasti: gesti. Através de evoluções acidentais, chegou-se a um novo sistema de oposições, gast: gäste.

Saussure observa:

> Por oposição à idéia falsa que nos aprazia fazer, a língua não é um mecanismo criado e ordenado com vistas a conceitos a exprimir. [Está implícita a crença da Escola de Port-Royal.] Vemos, ao contrário, que o estado resultante da transformação não se destinava a assinalar as significações das quais se impregna. Tem-se um estado fortuito: Fot: Fet não está melhor aparelhado para isso do que Fot:*Foti. Em cada estado, o espírito se insufla numa matéria dada e a vivifica.[5] Esta perspectiva, que nos foi inspirada pela Lingüística histórica, é desconhecida da Gramática tradicional, que jamais teria podido adquiri-la por seus próprios métodos. A maior parte dos filósofos da

5 Essa frase pode dar margem para se pensar num "transcendental", o espírito, uma idéia abstrata, preexistente e autônoma, que ganharia forma a cada novo estado. Essa possível contradição só se resolve inter e intratextualmente, e com o apelo à Dialética. É a mesma questão da essência em Husserl, que se resolve na intersubjetividade, adquirindo, assim, facticidade e deixando de ser abstrata.

língua ignoram-na igualmente: e, no entanto, nada mais importante do ponto de vista filosófico. (p.100-1 – grifo nosso)[6]

("A vontade de poder como princípio não suprime o acaso, ao contrário, implica-o, já que sem ele não teria nem plasticidade, nem metamorfose. O acaso põe em relação as forças; a vontade de poder é o princípio dominante desta relação. A vontade de poder soma-se, necessariamente, às forças, mas só pode somar-se a forças postas em relação pelo acaso. A vontade de poder compreende o acaso em seu centro, só ela é capaz de afirmar todo o acaso." – Deleuze, 1971, p.78)[7]

Assim, a gramática de Port-Royal, sendo sincrônica, postulava a língua como instrumento de expressão do pensamento, porém, se fosse dessa maneira, os estados seriam constantes. O que o trecho apontado anteriormente nega é exatamente essa constância.[8] Os estados lingüísticos sincrônicos são fortuitos. Uma mesma relação singular/plural, um mesmo valor pode vir, fortuitamente, a adquirir novo aspecto. Logo, esse aspecto material não era necessário à expressão daquela relação. Há um algo, todavia, que permanece e esse resíduo é o valor, a relação: "A língua é um mecanismo que continua a funcionar, não obstante as deteriorações que lhe são causadas" (Saussure, 1975, p.102).

---

6 Percebemos que Saussure participava, conscientemente, da história da filosofia da linguagem, dentro de uma concepção inovadora, numa síntese em que responde tanto aos que viam na linguagem só convencionalismo quanto aos que nela viam algum tipo de determinação. Mas sua resposta se dá dentro da lingüística, sem menção a qualquer relação entre palavras e coisas. É o determinismo dentro da própria língua, como limitação do arbitrário.

7 Sem dúvida, é necessário tomar cuidado com as expressões nietzschianas "vontade de poder", "eterno retorno", que não podem ser compreendidas em seu sentido do senso comum, e o livro de Deleuze é bastante esclarecedor a esse respeito, particularmente no item "A terminologia de Nietzsche" (1971, p.77-81).

8 Saussure (1975, p.128) nega também o aspecto lógico da gramática de Port-Royal – negação que está implícita no seguinte trecho: "dizer, por exemplo, que as partes do discurso são fatores da língua simplesmente porque correspondem a categorias lógicas – significa esquecer, que não existem fatos lingüísticos independentes de uma matéria fônica dividida em elementos significativos".

A própria oposição básica não exige a presença de signos materiais: "um signo material não é necessário para exprimir uma idéia, a língua pode contentar-se com a oposição de alguma coisa com nada ..." (ibidem).

Voltando, portanto, à postulação de que o sujeito que fala é um Sujeito situado, percebemos, agora mais claramente, que ele é historicamente situado, na medida em que ele próprio atua sobre esse estado provisório diante do qual se encontra. Esclarece-se, aos poucos, uma relação dialética entre língua e fala, assunto que retomaremos mais adiante e que está entre aqueles aspectos que apontam para uma diferenciação entre Saussure e Husserl, e para um avanço daquele no que concerne à afirmação de um sujeito falante historicamente situado.

Há várias frases que vão nos conduzindo para a convicção de uma relação dialética entre língua e fala:

> A sincronia conhece somente uma perspectiva, a das pessoas que falam, e todo o seu método consiste em recolher-lhes o testemunho; para saber em que medida uma coisa é uma realidade, será necessário e suficiente averiguar em que medida ela existe para a consciência de tais pessoas. Nesse ponto, está claro que o aspecto sincrônico prevalece sobre o outro, pois, para a massa falante, ele constitui a verdadeira e única realidade. (p.105-6)

A língua é, assim, a realidade que existe na consciência das pessoas que falam, e essa realidade só é apreensível na própria fala. A fala, por sua vez, impõe – mesmo que não seja propositalmente – mudanças a ela. Dessa forma, a língua é um sistema de valores apenas relativamente estável e sempre sujeito a ser substituído por outro, dependendo da generalização dos fatos da fala. Nesse sentido, podemos dizer que a língua é um sistema aberto de valores ao qual a fala, numa relação dialética complexa, confere certa instabilidade ou, no mínimo, uma estabilidade precária. Assim, embora as mudanças que atingem a língua não sejam tão substanciais, pois, como afirma Saussure (p.200), "a língua é um traje coberto de remendos feitos de seu próprio tecido" ou "Quatro quintos do francês são indo-europeus, se se pensa na substância de que se compõem suas frases", essas mudanças, por parciais ou acidentais que sejam, levam à constituição de um novo sistema. Já não é o mesmo sistema, e esse fato fica bastante evidente na bem conhecida comparação com o jogo de xadrez. A cada lance, a cada movimento de peça, um novo sistema é criado:

> o sistema nunca é mais que momentâneo; varia de uma posição a outra. É bem verdade que os valores dependem também, e sobretudo, de uma convenção imutável: a regra do jogo, que existe antes do início da partida e persiste após cada lance. (p.104)

("O lançamento de dados afirma o devenir, e afirma o ser do devenir. Não se trata de vários lançamentos de dados que, em razão de seu número, chegariam a reproduzir a mesma combinação. Ao contrário: trata-se de um só lance de dados, que, em razão do número da combinação produzida, chega a reproduzir-se como tal ... Os dados lançados uma vez são a afirmação do acaso, a combinação que formam ao cair é a afirmação da necessidade. A necessidade afirma-se no acaso, no sentido exato segundo o qual o ser se afirma no devenir e o um, no múltiplo." – Deleuze, 1971, p.41)

Faz parte desse pensamento dialético complexo a convivência de elementos contrários que não se resume apenas à inter-relação e interdependência entre língua e fala, mas envolve a presença simultânea de elementos aparentemente irreconciliáveis, como é o caso dos aspectos de mudança e conservação: a língua, sendo imutável, está em permanente mudança. É esse pensamento que explica o fato de um sistema já não poder ser o mesmo se houve mudança em qualquer de suas partes.

("Ao utilizar a expressão 'eterno retorno', nos contradizemos se entendemos: retorno ao mesmo. Não é o ser que retorna, mas é o próprio retornar que constitui o ser enquanto se afirma no devenir e no que passa. Não é o uno que retorna; o próprio retorno é o uno que se afirma no diverso e no múltiplo ... Por isso, só podemos compreender o eterno retorno como expressão de um princípio que é a razão do diverso e de sua reprodução, da diferença e de sua repetição." – Deleuze, 1971, p.72-3)

Há dois outros capítulos que trazem mais elucidações sobre esse assunto: "Identidades, realidades, valores" e "O valor lingüístico".

Duas comparações ilustram a questão da identidade, e é interessante, nesse ponto, lembrar que, segundo o autor, a noção de identidade confunde-se com aquela de entidade concreta e de valor:

> Vê-se, pois, que nos sistemas semiológicos, como a língua, nos quais os elementos se mantêm reciprocamente em equilíbrio de acordo com regras determinadas, a noção de identidade se confunde com a de valor, e reciprocamente.
>
> Eis por que, em definitivo, a noção de valor recobre as de unidade, de entidade concreta e de realidade. (Saussure, 1975, p.128)

São as seguintes comparações: dois expressos "Genebra-Paris, 8h45 da noite" que partem com intervalo de 24 horas. É o mesmo expresso, no entanto, provavelmente, a locomotiva e os vagões são diferentes.

Pode-se pensar, também, em uma rua arrasada que é reconstruída. Diremos que é a mesma rua, embora na reconstrução tudo tenha sido substituído.

> Por que se pode reconstruir uma rua de cima a baixo sem que ela deixe de ser a mesma rua? Porque a entidade que constitui não é puramente material; funda-se em certas condições a que é estranha sua matéria ocasional, por exemplo sua situação relativamente às outras; de modo semelhante, o que faz o expresso é a hora de sua partida, seu itinerário e em geral todas as circunstâncias que o distinguem dos outros expressos. Sempre que se realizem as mesmas condições, obtêm-se as mesmas entidades. E, no entanto, estas não são abstratas, pois uma rua ou um expresso não se concebem fora de sua realização material. (p.126)

Mais um exemplo é fornecido, para ser em seguida negado, e por isso mesmo pode nos interessar: um traje roubado será reencontrado na loja de um adeleiro. Só este é o meu traje. Outros, por idênticos que fossem, não seriam o meu traje desaparecido. Segundo Saussure, essa comparação não serve para entidades lingüísticas, não é esse seu tipo de identidade. Nesse caso, temos uma entidade material que reside só no tecido, nos aviamentos. Podemos acrescentar: não há valor coletivo – e as entidades/identidades lingüísticas fundam-se em valores coletivos.

Comparando com os outros exemplos, podemos dizer que era o mesmo expresso porque havia um valor coletivo, a comunidade reconhecia nele o mesmo expresso. O mesmo acontece no caso da rua, não é apenas uma rua–para–mim. Já o traje é um traje–para–mim, por isso nenhum outro me serve, mesmo que outras pessoas tentem convencer-me do contrário (de que qualquer traje serviria).

Assim, o valor que reside na língua é um valor ao mesmo tempo individual e coletivo, na medida em que é o coletivo que o indivíduo também reconhece.

Há, nisso tudo, uma inversão própria do pensamento dialético: o que parece ser real/concreto não é tão concreto assim (uma vez que não tem constância e não representa um valor coletivo); por outro lado, o que não se percebe à primeira vista, isso, sim, será real:

> Para escapar às ilusões, devemos nos convencer, primeiramente, de que as entidades concretas da língua não se apresentam por si mesmas à nossa observação. Mas se procurarmos apreendê-las, tomaremos contato com o real; partindo daí, poder-se-ão elaborar todas as classificações de que tem necessidade a Lingüística para ordenar os fatos de sua competência. (p.127)

Embora não sejam apreensíveis à primeira vista, essas entidades são concretas, são reais, e o melhor argumento a esse respeito encontramos nas comparações da rua reconstruída e do expresso Genebra-Paris: "estas (as entidades) não são abstratas, pois uma rua ou um expresso não se concebem fora de uma realização material".

Isso quer dizer que a língua não se concebe fora da fala; porém, é na língua que estão as entidades concretas, os valores coletivos: "A coletividade é necessária para estabelecer os valores cuja única razão de ser está no uso e no consenso geral: o indivíduo, por si só, é incapaz de fixar um que seja" (p.132).

Pelo conceito de valor, amplia-se a noção de signo, que já não pode ser a mera união de um significante e de um significado:

> a idéia de valor, assim determinada, nos mostra que é uma grande ilusão considerar um termo simplesmente como a união de certo som com um certo conceito. Defini-lo assim seria isolá-lo do sistema do qual faz parte; seria acreditar que é possível começar pelos

> termos e construir o sistema fazendo a soma deles, quando, pelo contrário, cumpre partir da totalidade solidária para obter, por análise, os elementos que encerra. (p.132)

É nessa altura que gostaríamos de mostrar o quanto é fecunda, para ambas as partes, a relação Husserl-Saussure.

Dizíamos que a fenomenologia é uma filosofia das essências apenas na medida em que, para ela, as essências encontram-se na própria existência e que o campo de idealidade só é relevante como meio para se conquistar e conhecer a facticidade.

Com essas palavras, ainda podemos ter a impressão de que esse mundo das essências seria relativamente abstrato e que, de toda maneira, seria necessário passar por ele para compreender melhor o que chamamos de "realidade". As afirmações que destacamos do Curso, porém, obrigam-nos a um passo mais decisivo nessa compreensão, passo que envolve, necessariamente, um enfoque dialético. Talvez por isso, hesitemos tanto em compreender esse assunto, porque nosso pensamento não está acostumado com essa tomada de posição dialética.

Por isso, é importante compreender em profundidade o alcance dessa frase que diz: "estas (as entidades) não são abstratas, pois uma rua ou um expresso não se concebem fora de sua realização material".

Há algo na própria rua, no próprio expresso que me permite reconhecê-los como tais. E esse algo não é como um espírito, algo transcendental, que pudesse ter existência à parte de sua realização. Esse abstrato (se insistimos em pensar nele) só existe porque se concretizou.

(Assim como Deleuze (1971, p.74) aponta para um "empirismo nietzschiano", na mesma medida podemos falar num empirismo saussuriano: "Se a vontade de poder é um bom princípio, se reconcilia o empirismo com os princípios, se constitui um empirismo superior, é porque é um princípio essencialmente plástico, que não é mais amplo que aquilo que condiciona, que se metamorfoseia com o condicionado, que se determina em cada caso com aquilo que determina. De fato, a vontade de poder não se pode separar nunca de tal ou qual força determinada, de suas quantidades, de suas qualidades, de suas direções; nunca superior às determinações que opera numa relação de forças, sempre plástica e em metamorfose.")

Não há um "ser ônibus" que eu poderia abstrair de um ônibus real e que seria, abstratamente, aquilo que me leva a reconhecer que meu ônibus chegou. Muito provavelmente, não se trata do mesmo (mesmíssimo) ônibus que peguei ontem. Talvez o carro seja outro, é possível que até o motorista e o cobrador sejam diferentes. Apesar disso, eu sei que estou pegando o ônibus certo, que faz a linha que me interessa e me levará ao ponto em que desejo ficar. Mas essa linha não é de modo algum abstrata. Ela só existe porque há um ônibus que a realiza; caso contrário, será extinta.

É nessa mesma medida que a língua só existe na fala, diferindo desta sem, no entanto, prescindir dela.

Compreendemos que, entre outras características, o pensamento dialético apresenta-se como uma conciliação de opostos. Temos, no entanto, dificuldade de apreendê-lo, porque ainda tentamos realizar essa conciliação como soma, como um estar lado a lado, ou seja, uma justaposição, quando o pensar dialético exige uma comunhão, um entrelaçamento: distinguem-se as partes, mas elas, na verdade, só existem juntas.

Falar, portanto, nesse caso, numa filosofia das essências significa falar numa filosofia da existência – e essa denominação serve, acreditamos, tanto para Husserl como para Saussure.

No caso de Husserl, a fenomenologia, como filosofia da existência, dá-se na medida em que se nega a possibilidade de uma subjetividade só minha, espiritual ou transcendente, e afirma-se a subjetividade como intersubjetividade. Ou seja, esse algo místico, interior, que eu suponho ser meu, só existe na relação com os outros.

Na máxima de Husserl, é possível perceber o mesmo teor dialético que já apontamos: o abstrato é concreto, o subjetivo (eu–em–mim) é intersubjetivo (eu–outros), o transcendente é imanente (e "imanente", nesse caso, já não pode ser algo que está fechado em si, e, sim, algo que está "em relação com"). É assim que compreendemos a frase: "A subjetividade transcendental é intersubjetividade".

No caso de Saussure (embora o capítulo 1 da Primeira Parte do Curso, "Natureza do signo lingüístico", possa nos levar a outra constatação), nega-se, particularmente no capítulo "O valor lingüístico", a possibilidade de uma verdade interna ao próprio signo, ou anterior a ele, abstrata, transcendente, e afirma-se que o signo só existe na relação com outros signos e que o significado passa a existir, primordialmente, pelo valor que esse signo adquira dentro do sistema.

Há, porém, duas diferenças fundamentais que podemos detectar entre Husserl e Saussure: a fenomenologia do signo lingüístico apresenta-se mais dinâmica e possui um caráter mais marcadamente social e histórico.

Acompanhemos, todavia, cada passo de conceituação de valor lingüístico, antes de nos aprofundarmos nessas diferenças.

Saussure parte de um princípio válido, segundo ele, para todos os valores:

> Eles são sempre constituídos:
>
> 1° por uma coisa dessemelhante, suscetível de ser trocada por outra cujo valor resta determinar;
> 2° por coisas semelhantes que se podem comparar com aquela cujo valor está em causa. (p.134)

No primeiro caso, trata-se da relação vertical entre significante e significado (que denomina significação); no segundo caso, vemos a relação horizontal entre signos (que conduz à definição de valor). Saussure relativiza a possibilidade de significação levando-se em consideração apenas o primeiro eixo e chama-nos a atenção – por meio de várias reiterações – para o fato de que toda a essência e amplitude do fato lingüístico dependem do segundo eixo:

> Visto ser a língua um sistema em que todos os termos são solidários e o valor de um resulta tão-somente da presença simultânea de outros... (p.133)
>
> Seu valor não estará então fixado, enquanto nos limitarmos a comprovar que pode ser "trocada" por este ou aquele conceito, isto é, que tem esta ou aquela significação; falta ainda compará-la com os valores semelhantes, com as palavras que se lhe podem opor. Seu conteúdo só é verdadeiramente determinado pelo concurso do que existe fora dela. Fazendo parte de um sistema, está revestida não só

> de uma significação como também, e sobretudo, de um valor, e isso é coisa muito diferente. (p.134)
>
> o valor de qualquer termo que seja está determinado por aquilo que o rodeia... (p.135)
>
> seu valor, pois, depende do que está fora e em redor dele. (ibidem)
>
> Se as palavras estivessem encarregadas de representar os conceitos dados de antemão, cada uma delas teria, de uma língua para outra, correspondentes exatos para o sentido; mas não ocorre assim. (ibidem)
>
> Em todos esses casos, pois, surpreendemos, em lugar de idéias dadas de antemão, valores que emanam do sistema. Quando se diz que os valores correspondem a conceitos, subentende-se que são puramente diferenciais, definidos não positivamente por seu conteúdo, mas negativamente por suas relações com os outros termos do sistema. Sua característica mais exata é ser o que os outros não são. (p.136)

Todas essas citações estão contidas no item "O valor lingüístico considerado em seu aspecto conceitual". Delas, podemos tirar algumas conclusões provisórias:

- o significado não está dentro do signo, na relação significante/significado, uma vez que não há conceitos dados de antemão: o conceito interno a um signo está na dependência da relação com outros signos;
- essa conceituação fornece uma imagem dinâmica de significado, que estaria na dependência de relações sempre novas com outros signos;
- por outro lado, a mesma conceituação pode permitir uma visão estática, estruturante do signo e do significado, provavelmente a base para a interpretação estruturalista em que, muitas vezes, o dinamismo é substituído por uma relação estática entre os termos do sistema;
- da mesma maneira, se fizermos abstração do que vimos em outros capítulos, podemos ver um jogo entre estruturas autônomas, em que o Sujeito desapareceu, e também a sociedade.

No item seguinte, "O valor lingüístico considerado em seu lado material", será afirmado o mesmo jogo de relações e de diferenças regendo a noção de significante: "O que importa na palavra não é o som em si, mas as diferenças fônicas que permitem distinguir essa palavra de todas as outras, pois são elas que levam a significação" (p.137).

A explicação para essa situação em que tudo é regido por valores diferenciais está na arbitrariedade do signo lingüístico: "arbitrário e diferencial são duas qualidades correlativas" (ibidem).

Essa frase traz alguma luz para os possíveis desvios que levantamos anteriormente. Se lembramos que arbitrário está intimamente ligado, em páginas precedentes, a convencional, institucional, assim como à expressão "cristalização social", então o valor não se estabelece entre estruturas autônomas, desprovidas de Sujeito ou de história. Se arbitrário e diferencial são propriedades correlativas, isso significa que o valor só se dá dentro do âmbito social ou, em outras palavras: "Em nenhum momento, e contrariamente à aparência, a língua existe fora do fato social, visto ser um fenômeno semiológico. Sua natureza social é um de seus caracteres internos" (p.92).

Novamente, várias frases reiteram a prevalência do fator diferencial, do valor, em detrimento de qualquer elemento preexistente:

> jamais um fragmento de língua poderá basear-se, em última análise, noutra coisa que não seja sua não-coincidência com o resto. (p.137)
>
> A alteração dos signos lingüísticos mostra bem esta correlação; é precisamente porque os termos A e B são radicalmente incapazes de chegar, como tais, até as regiões da consciência – a qual não percebe perpetuamente mais que a diferença A/B – que cada um dos termos fica livre de se modificar conforme leis estranhas à sua função significativa ... é que somente a diferença dos signos está em jogo ... (ibidem)
>
> Esses signos atuam, pois, não por seu valor intrínseco, mas por sua posição relativa. (ibidem)
>
> o que os caracteriza não é, como se poderia crer, sua qualidade própria e positiva, mas simplesmente o fato de não se confundirem entre si. Os fonemas são, antes de tudo, entidades opositivas, relativas e negativas. (p.138)

Como não há nem idéias, nem sons preexistentes, tudo se resume à diferença entre os significados e entre os significantes: na língua só existem diferenças, sem termos positivos.

(Deleuze (1988, p.329-30) pergunta: "por que Saussure, no próprio momento em que descobre que 'na língua só há diferenças', acrescenta que estas são 'sem termos positivos', 'eternamente negativas'?". E acrescenta: "Quando se lê a diferença como uma oposição, ela já foi privada de sua espessura própria, em que ela afirma sua positividade".)

No entanto, uma vez que se considere o signo como unidade lingüística, a situação muda: passamos a ter elementos positivos e distinções, em lugar de diferenças:

> Quando se comparam os signos entre si – termos positivos – não se pode mais falar em diferença; a expressão seria imprópria ... dois signos que comportam cada qual um significado e um significante não são diferentes, são somente distintos. Entre eles existe apenas oposição. (Saussure, 1975, p.140)

Somos levados a crer, por meio dessas obsevações que ora enfocam significante e significado isoladamente (e, nesse caso, temos elementos diferenciais e negativos), ora os enfoca formando uma unidade dentro do signo (que, nesse caso, será distinto e positivo), que Saussure considera o signo lingüístico de duas perspectivas: no primeiro caso, como quem vê a língua posicionando-se fora do sistema; no segundo, considerando-se o funcionamento do sistema lingüístico como quem está dentro desse sistema. Vendo cada sistema lingüístico de fora, reconheceremos diferenças. Essas diferenças, no entanto, adquirem valor dentro do sistema e transformam-se em distinções.

("Os valores, e seu valor, não derivam já do negativo, mas da afirmação como tal ... O negativo converte-se em poder de afirmar: subordina-se à afirmação ... a negação muda de sentido, converte-se em poder de afirmar, condição preliminar para o desenvolvimento do afirmativo ... A afirmação é a única que subsiste enquanto poder independente; o negativo emana dela como o raio, mas, ao mesmo tempo, reabsorve-se nela, desaparece nela como um fogo solúvel ... só a afirmação produz o que o negativo anuncia." – Deleuze, 1971, p.246)

Similarmente, os signos podem ser vistos, ora como arbitrários, ora como necessários, se nos posicionarmos fora ou dentro do sistema. Nesse sentido, arbitrário e necessário não são termos excludentes, mas coexistem na caracterização do signo lingüístico, o que, mais uma vez, aponta para a presença de um pensamento dialético.

Guardemos os seguintes pontos:

- quando separamos o lado conceitual do lado material de um signo, encontramos uma série de diferenças, como aquelas que presenciamos diante de uma língua desconhecida em que reconhecemos sons diferentes;
- quem vê uma língua de fora, como estranho, tem também a sensação de que se transmitem conceitos diferentes por meio daquelas sonoridades diferentes. É nesse sentido que em qualquer língua só há diferenças e valores negativos. Percebe-se que A não é B, sem que se dê conta do real significado que é transmitido;
- por outro lado, aquele que, conhecendo determinada língua, se posicionar dentro do sistema, verá que o signo forma uma unidade significativa. Essa unidade, o signo, é um valor positivo, distintivo e opositivo. Uma vez que se apreenda a totalidade do signo (significante e significado), este tem seu valor próprio no sistema e, nesse sentido, é positivo, e não mais negativo. Assim, ser negativo envolve certa incompletude em que apenas se percebem diferenças: sei que A não é B, mas não sei o que A significa. Sendo positivo e tendo um valor próprio, já não pode mais ser apenas diferente do outro, pois agora tem uma individualidade, algo que é seu. Será então distinto do outro.

(Como diz Deleuze (1988, p.329-30): "Quando interpretamos as diferenças como negativas e sob a categoria da oposição, já não estamos do lado daquele que escuta e mesmo que ouviu mal, que hesita entre várias versões atuais possíveis, que tenta 'reconhecer-se' pelo estabelecimento de oposições, o pequeno lado da linguagem, não o lado daquele que fala e que atribui o sentido? Não traímos assim a natureza do jogo da linguagem, isto é, o sentido dessa combinatória, desses imperativos ou desses lances de dados lingüísticos que, como os gritos de Artaud, só podem ser apreendidos por aquele que fala no exercício transcendente?". E em outro ponto: "transmutação dos valores ou transvaloração significa a afirmação em lugar da negação, e, ainda mais, a negação transformada em poder de afirmação, suprema metamorfose dionisíaca." – p.103)

Por meio disso tudo, percebe-se uma sutileza no pensamento saussuriano que é necessário conseguir captar. A fenomenologia de Husserl, conforme a apresentamos, poderá nos ajudar neste empreendimento, mas, como veremos, há, já nessa diferença sutil entre diferente e distinto, entre negativo e positivo, algo no Curso que não permite que estabeleçamos mera equivalência entre Husserl e Saussure.

Num primeiro momento, e pela noção fenomenológica de intencionalidade, percebemos que o signo lingüístico não possui uma verdade intrínseca: assim como o Sujeito husserliano, o signo está voltado para fora, está em relação com outros signos. A essência husserliana está na relação entre o eu e o outro, a consciência é "consciência de". O eu só é eu enquanto se representa o objeto que lhe é apresentado; o objeto só existe como algo que se apresenta a alguém. Similarmente, o signo saussuriano nada significa senão em sua relação com outros signos. Nesse sentido, a essência do signo está fora dele: "Deve-se procurar a unidade concreta fora da palavra" (Saussure, 1975, p.122).

Também no Curso, estaríamos diante de uma redução fenomenológica que traz à tona um resíduo fenomenológico, um conteúdo apenas vivido sem ser percebido como tal. Como estamos excessivamente imersos num mundo de palavras, temos a impressão de que elas possuem um sentido próprio, intrínseco, mas a redução fenomenológica nos revela que a essência não está nas palavras, mas fora delas. É algo irrefletido, que está em nossa vivência sem que o percebamos.

Estar "fora das palavras" não significa, de toda maneira, pertencer a um mundo abstrato ou transcendental. Mais uma vez, a fenomenologia nos ajuda a ver que a essência está na própria existência, e acreditamos que é por isso que Saussure insiste tanto em dizer que a língua é uma entidade concreta: é o jogo de relações de diferenças e de distinções que faz que os signos signifiquem o que significam. E isso tudo é bem real, concreto.

A essas alturas, é bom que nos lembremos, também, de que os signos de que o Curso fala não têm existência autônoma, independente dos seres que os pronunciam. Evidentemente, essa relação que se estabelece entre os signos – e na qual reside sua essência – só pode ser efetivada por indivíduos falantes quando põem em funcionamento o mecanismo da língua, em seus eixos paradigmático e sintagmático.

É o Sujeito falante, situado temporal e espacialmente, que, ao falar, serve-se de signos lingüísticos, os quais, apenas aparentemente, têm um sentido próprio, pois, na verdade, sua essência provém da relação com outros signos.

Mas a fenomenologia do signo lingüístico, conforme aparece no Curso, parece não se resumir a isso.

Se é verdade que a essência do signo está em sua relação com os outros signos, também parece ser verdade que há algo no próprio signo que lhe pertence, ao menos momentaneamente.

É o que nos fazem pressentir os seguintes trechos:

> Mas eis o aspecto paradoxal da questão: de um lado, o conceito nos aparece como a contraparte da imagem auditiva no interior do signo, e, de outro, este mesmo signo, isto é, a relação que une seus dois elementos, é também e de igual modo, a contraparte dos outros signos da língua. (Saussure, 1975, p.135)
>
> Quando afirmo simplesmente que uma palavra significa alguma coisa, quando me atenho à associação da imagem acústica com o conceito, faço uma operação que pode, em certa medida, ser exata e dar uma idéia da realidade; mas em nenhum caso exprime o fato lingüístico na sua essência e na sua amplitude. (p.136)
>
> O valor tomado em seu aspecto conceitual, constitui, sem dúvida, um elemento da significação, e é dificílimo saber como esta se distingue dele, apesar de estar sob sua dependência. É necessário, contudo, esclarecer esta questão, sob pena de reduzir a língua a uma nomenclatura. (p.133)

Certa dificuldade na apreensão do Curso em toda sua complexidade resulta da presença de termos complementares, que às vezes tomamos por contraditórios e excludentes. Entre eles, podemos, no momento, destacar: relação "vertical" (entre significante e significado, nos limites do signo lingüístico) e relação "horizontal" entre os signos da língua; elementos negativos e diferenciais, por um lado, e elementos positivos e distintivos, por outro; arbitrariedade e necessidade do signo lingüístico.

Examinaremos cada uma dessas duplas, considerando-as complementares e não excludentes. Acreditamos estar, com isso, nos aprofundando na percepção de diferenças entre Husserl e Saussure, ou melhor, do aspecto distintivo da epistemologia saussuriana. Esperamos, também, estar nos aproximando de uma definição mais clara do que seja a dialética no pensamento saussuriano.

Surge uma pergunta: será que o capítulo "O valor lingüístico" de fato contradiz o capítulo "Natureza do signo lingüístico", ou serão complementares? Quando nos aprofundamos no conceito de valor, temos a impressão inicial de que o que lêramos antes deveria ser fruto de interpretação dos alunos ou, talvez, de simplificação didática por parte do mestre. Mas, agora que começamos a perceber que, de fato, existe uma certa margem para uma realidade inerente ao signo, forma-se em nós outra convicção que aponta, justamente, para o dinamismo característico da fenomenologia do signo lingüístico. Se as duas realidades são complementares, aquela que aponta para dentro e a outra que aponta para fora do signo, e se esta é a que predomina, então temos uma síntese precária dentro do próprio signo, sempre sujeita a mudança, na dependência da relação com outros signos. E esse dinamismo, evidentemente, só é possível porque existem homens que falam, homens situados espacial e temporalmente. Existem Sujeitos e existe história.

Assim, se, para Husserl, a essência não está no Sujeito, nem no Objeto, mas na relação que se estabelece entre eles, relação fenomenológica, intencional, para Saussure, também, a essência do fato lingüístico não está no interior do signo lingüístico, mas nas relações que se estabelecem entre este e outros signos lingüísticos. Há, porém, neste caso, algo como um resíduo que permanece, mesmo que só provisoriamente, o que chama a atenção para sua historicidade.

Algo semelhante acontece com relação à existência simultânea de elementos negativos e diferenciais, e de elementos positivos e distintivos. Só a percepção de um dinamismo próprio ao fato lingüístico pode dar conta desses elementos aparentemente contraditórios. Consideremos o seguinte trecho:

> Mas dizer que na língua tudo é negativo só é verdade em relação ao significante e ao significado tomados separadamente: desde que consideremos o signo em sua totalidade, achamo-nos perante uma coisa positiva em sua ordem. Um sistema lingüístico é uma série de diferenças de sons combinadas com uma série de diferenças de idéias; mas essa confrontação de um certo número de signos acústicos com outras tantas divisões feitas na massa do pensamento engendra um sistema de valores; e é tal sistema que constitui o vínculo efetivo entre os elementos fônicos e psíquicos no interior de cada signo. Conquanto o significado e o significante sejam considerados, cada qual à parte, puramente diferenciais e negativos, sua combinação é um fato positivo; é mesmo a única espécie de fatos que a língua comporta, pois o próprio da instituição lingüística é justamente manter o paralelismo entre essas duas ordens de diferenças. (Saussure, 1975, p.139-40)

Não compreendemos que a dialética saussuriana signifique a união de contrários (negativos) que gerassem uma síntese dialética (positiva). Acreditamos estar diante de um pensamento dialético que se destaca tanto da dialética hegeliana quanto da marxista e que, nesse sentido, podemos aproximar da Dialética da diferença deleuziana.

Não temos dois negativos que geram, dialeticamente, um positivo. Nem estamos diante de uma lógica matemática em que dois negativos equivalem a um positivo.

O que temos, de preferência, são entidades complementares que fazem parte de um todo complexo e dinâmico. Por um lado, o significante e o significado, tomados separadamente (e notamos que, às vezes, eles também são chamados de "signos"), diferenciam-se de outros tantos significantes e significados. Nesse sentido, às vezes temos a impressão de que Saussure não se refere a elementos pertencentes a uma só língua, mas às línguas em geral. Vistos assim, separadamente, e, portanto, fora de seu funcionamento no sistema, significante e significado são termos negativos, opositivos e diferenciais.

Mas há uma outra forma de vê-los, em funcionamento, dentro de cada língua, e, nesse caso, temos o signo como entidade positiva e distintiva.

("O que quer uma vontade é afirmar sua diferença. Em sua relação essencial com outra vontade, a vontade faz de sua diferença um objeto de afirmação." – Deleuze, 1971, p.18)

Uma vez que "o próprio da instituição lingüística é justamente manter o paralelismo entre essas duas ordens de diferenças" e que a combinação, como fato positivo, "é mesmo a única espécie de fatos que a língua comporta", podemos deduzir que, num ato de fala, todo esse mecanismo, com elementos negativos e positivos, é posto em funcionamento, de forma dinâmica, instaurando entidades positivas que se afirmam em meio a inúmeras possibilidades negativas e diferenciais.

("Algo mais elevado que qualquer reconciliação – a afirmação. Algo mais elevado que qualquer contradição desenvolvida, resolvida, suprimida – a transvaloração ... a afirmação diferencial contra a negação dialética..." – Deleuze, 1971, p.28)

Para unir esses contrários, sem que sejam contraditórios e excludentes, precisamos supor um movimento dinâmico de vaivém entre algo que se estabelece, momentaneamente, como valor positivo no signo, e algo que está sempre por se fazer em razão das inúmeras possibilidades negativas e diferenciais que se apresentam, contrastivamente, no universo lingüístico de que o sujeito falante pode fazer uso. Há um mundo virtual de valores negativos e diferenciais que estão à disposição do sujeito falante – este, ao fazer suas escolhas, de forma afirmativa, põe em circulação valores positivos e distintivos que podem ser comparados com outros tantos signos, portadores de valores também positivos.

("Em Nietzsche, a relação essencial de uma força com outra nunca se concebe como um elemento negativo em sua essência. Em sua relação com outra força, a força que se faz obedecer não nega a outra, ou o que não é; afirma sua própria diferença e goza dessa diferença." – Deleuze, 1971, p.17)

A Dialética é justamente esse tipo de pensamento que tenta dar conta do dinamismo da vida real.

Pensemos agora na complementaridade dos termos arbitrário e necessário. Certamente, foi o primeiro que sempre chamou a atenção dos lingüistas, mas veremos que o segundo também está, de alguma forma, presente nas linhas do Curso.

Consideremos os seguintes trechos:

> Se com relação à idéia que representa, o significante aparece como escolhido livremente, em compensação, com relação à comunidade lingüística que o emprega, não é livre: é imposto. Nunca se consulta a massa social nem o significante escolhido pela língua poderia ser substituído por outro. Este fato, que parece encerrar uma contradição, poderia ser chamado familiarmente de "a carta forçada". Diz-se à língua: "Escolhe!"; mas acrescenta-se: "O signo será este, não outro". Um indivíduo não somente seria incapaz, se quisesse, de modificar em qualquer ponto a escolha feita, como também a própria massa não pode exercer sua soberania sobre uma única palavra: está atada à língua tal qual é. (Saussure, 1975, p.85)
>
> A palavra arbitrário requer também uma observação. Não deve dar a idéia de que o significado dependa da livre escolha do que fala (ver-se-á, mais adiante, que não está no alcance do indivíduo trocar coisa alguma num signo, uma vez que esteja ele estabelecido num grupo lingüístico); queremos dizer que o significante é imotivado, isto é, arbitrário em relação ao significado, com o qual não tem nenhum laço natural na realidade. (p.83)
>
> Não só os dois domínios ligados pelo fato lingüístico são confusos e amorfos, como a escolha que se decide por tal porção acústica para tal idéia é perfeitamente arbitrária. Se esse não fosse o caso, a noção de valor perderia algo de seu caráter, pois conteria um elemento imposto de fora. Mas, de fato, os valores continuam a ser inteiramente relativos, e eis por que o vínculo entre a idéia e o som é radicalmente arbitrário.
>
> Por sua vez, a arbitrariedade do signo nos faz compreender melhor por que o fato social pode, por si só, criar um sistema lingüístico. A coletividade é necessária para estabelecer os valores cuja única razão de ser está no uso e no consenso geral: o indivíduo, por si só, é incapaz de fixar um que seja. (p.132)
>
> Já que não existe imagem vocal que responda melhor que outra àquilo que está incumbida de transmitir, é evidente, mesmo a priori, que jamais um fragmento de língua poderá basear-se, em última análise, noutra coisa que não seja sua não-coincidência com o resto. Arbitrário e diferencial são duas qualidades correlativas. (p.137)

Novamente, damo-nos conta da existência de uma dupla perspectiva: vistos de fora do sistema lingüístico em questão, e comparados com outros signos de outros sistemas, os signos são arbitrários – e veja-se que Saussure apresenta como prova da arbitrariedade a comparação das línguas entre si: "como prova, temos as diferenças entre as línguas e a própria existência de línguas diferentes..." (p.82).

Por outro lado, para o usuário de determinado sistema, os signos são necessários, impostos por uma convenção social. O exemplo da "carta forçada" dá bem a dimensão da dialética em que arbitrário e necessário aparecem como termos complementares, e não contraditórios.

Nesse sentido, a complementaridade entre arbitrário e necessário é semelhante àquela que existe entre diferenças e distinções, uma vez que conseguimos nos dar conta de sua coexistência pressupondo uma perspectiva cambiante, ora fora, ora dentro do sistema. No entanto, apesar de ser mais fácil de visualizar essa coexistência de termos aparentemente contraditórios dessa maneira, um esforço se faz necessário para compreendermos e enxergarmos, também, essa dialética em funcionamento dentro do sistema. Quando conseguimos fazer isso, ressaltam o dinamismo e a historicidade do sistema em questão.

A idéia de que arbitrário e necessário coexistem no funcionamento dinâmico da língua liga-se à questão da imutabilidade e mutabilidade do signo, mais uma dupla de elementos dialeticamente complementares. A arbitrariedade do signo aparece, simultaneamente, como causa de mudança e de conservação. Por um lado, lemos:

> Vimos acima que o caráter arbitrário do signo nos fazia admitir a possibilidade teórica de mudança; aprofundando a questão, vemos que, de fato, a própria arbitrariedade do signo põe a língua ao abrigo de toda tentativa que vise a modificá-la. (p.87)

Mas, por outro:

> Uma língua é radicalmente incapaz de se defender dos fatores que deslocam, de minuto a minuto, a relação entre o significado e o significante. É uma das conseqüências da arbitrariedade do signo. (p.90)

No primeiro caso, justamente porque é adotado como convenção por uma comunidade, e nenhum vínculo com o mundo natural explicaria a preferência por dado significante, o signo lingüístico entra no universo semiológico como um valor puro, tornando-se, assim, necessário e, nessa medida, estando ao abrigo de qualquer tentativa de modificá-lo. Nesse caso, predomina a tendência à imutabilidade.

No segundo caso, justamente porque a escolha por dado significante é fortuita, a arbitrariedade deixa uma brecha para a transformação, para a mutabilidade.

De toda maneira, temos a presença de um grupo social, de uma comunidade lingüística em que se fixam e se transformam os signos lingüísticos como valores arbitrários e convencionais. Dentro desse universo semiológico, ao indivíduo resta a possibilidade, como veremos mais tarde, de criar, mas não de fixar um elemento que seja por conta própria.

Cremos que foi a percepção de toda essa complexidade em que coexistem elementos opostos e complementares que proporcionam uma visão histórica e dinâmica, não só do universo semiológico, mas das sociedades humanas, que levou Merleau-Ponty a perceber em Saussure o esboço de uma filosofia da história: "Saussure poderia, muito bem, ter esboçado uma nova Filosofia da História" (Merleau-Ponty apud Descombes, 1979, p.89).

Se é uma "nova" filosofia da história, então não é durkheimiana, como muitas vezes se supõe, nem hegeliana ou marxista, como poderíamos querer supor pela presença de uma dialética, mas uma filosofia complexa, dialética, sim, porém não por envolver uma luta de contraditórios, de elementos antitéticos em conflito a gerar uma síntese, mas por apresentar elementos contrários e complementares.

Gostaríamos, ainda, de chamar a atenção para a presença do arbitrário absoluto e do arbitrário relativo e para a maneira como esses dois elementos participam da evolução de uma língua. Consideremos alguns trechos:

> Pode-se, pois, dizer que os signos inteiramente arbitrários realizam melhor que os outros o ideal do procedimento semiológico..." (Saussure, 1975, p.82)
>
> Tudo que se refira à língua enquanto sistema exige, a nosso ver, que a abordemos desse ponto de vista, de que pouco cuidam os lingüistas: a limitação do arbitrário. É a melhor base possível. Com efeito, todo o sistema da língua repousa no princípio irracional da arbitrariedade do signo que, aplicado sem restrições, conduziria à complicação su-

> prema; o espírito, porém, logra introduzir um princípio de ordem e de regularidade em certas partes da massa dos signos, e esse é o papel do relativamente motivado. Se o mecanismo da língua fosse inteiramente racional poderíamos estudá-lo em si mesmo, mas como não passa de uma correção parcial de um sistema naturalmente caótico, adota-se o ponto de vista imposto pela natureza mesma da língua, estudando esse mecanismo como uma limitação do arbitrário. (p.154)
>
> São como dois pólos entre os quais se move todo o sistema, duas correntes que se repartem o movimento da língua: a tendência a empregar o instrumento lexicológico, o signo imotivado, e a preferência concedida ao instrumento gramatical, isto é, à regra de construção. (ibidem)
>
> No interior de uma mesma língua, todo movimento de evolução pode ser assinalado por uma passagem contínua do motivado ao arbitrário e do arbitrário ao motivado; esse vaivém tem amiúde como resultado alterar sensivelmente as proporções dessas duas categorias de signos. (p.154-5)

Há, portanto, entre os usuários de uma língua, pertencentes a certo grupo social, uma tentativa constante de impor certa racionalidade a um sistema que é, por natureza, irracional, justamente em razão da arbitrariedade, da imotivação do signo lingüístico. Por um lado, quanto mais arbitrários, mais os signos lingüísticos realizam o ideal do procedimento semiológico, uma vez que estarão mais na dependência do jogo de valores que se estabelece entre eles e os demais signos de uma língua. Nesse sentido, o sistema complica-se, torna-se mais irracional e mais lexicológico. Por outro lado, o ser humano tenta impor certa racionalidade a esse sistema por natureza caótico e irracional. Colaboram, para isso, os procedimentos gramaticais, como o uso de prefixos e sufixos, que levam à racionalização e simplificação do sistema.

Na terceira parte, "Lingüística diacrônica", Saussure voltará, indiretamente, a esse mesmo assunto, ao afirmar que as mudanças fonéticas são acidentais e levam à complicação do sistema lingüístico e à perda dos vínculos gramaticais. Pela analogia, a comunidade lingüística, a partir de iniciativas em princípio individuais e depois generalizadas, tentará impor certa racionalidade ao caos imposto pelas mudanças acidentais. O procedimento analógico é de natureza gramatical e tende à racionalização do sistema.

É nesse ponto que aparece claramente a participação do indivíduo na criação e evolução da língua: "Nada entra na língua sem ter sido antes experimentado na fala, e todos os fenômenos evolutivos têm sua raiz na esfera do indivíduo" (Saussure, 1975, p.196).

Mais uma vez, encontramos um par de elementos contrários e complementares, já que a analogia aparece como princípio de renovação e de conservação. Por um lado, renova, pois, como já foi dito antes, é por meio dela que se impõe certa racionalidade ao sistema por natureza caótico: "o efeito mais sensível e mais importante da analogia é o de substituir as antigas formações, irregulares e caducas, por outras mais normais, compostas de elementos mais vivos" (ibidem, p.199).

Porém, por outro lado, "quase todos os elementos são conservados; somente que se distribuem de forma diversa. As inovações da analogia são mais aparentes que reais. A língua é um traje coberto de remendos feitos de seu próprio tecido" (p.199-200). (Elementos do passado, portanto, permanecem no presente, dentro de um corte sincrônico.)

A frase, aparentemente contraditória, "as formas se mantêm porque são refeitas analogicamente sem cessar" (ibidem), mostra-nos claramente a participação de dois elementos contrários na evolução de uma língua: conservação e renovação. (Diferença e repetição, o eterno retorno, como ser do devenir.)

Percebemos, assim, que a dialética saussuriana não envolve uma evolução em direção a algo superior, mais perfeito, conforme aparece na dialética hegeliana, mas simplesmente um universo semiológico em princípio caótico, ao qual o indivíduo tenta impor certa ordem por meio de recriações, reformulações. Em vez de um movimento progressivo, temos um movimento de vaivém, do irracional ao racional, e vice-versa. O indivíduo, o Sujeito falante participa, nesse caso, da evolução, pela analogia, porém esta é eminentemente conservadora.

Como já chamamos a atenção anteriormente, a fenomenologia do signo lingüístico em Saussure é mais dinâmica, mais complexa e completa do que aquela presente nas Investigações lógicas de Husserl. Possui, também, um caráter marcadamente social e histórico. Seja como for, a fenomenologia de Husserl nos ajuda a compreender como se dá a essência do signo lingüístico em Saussure, particularmente no que se refere ao valor lingüístico, mas é transcendendo-a que vislumbramos a riqueza e complexidade do pensamento saussuriano.

É pelos capítulos "Imutabilidade e mutabilidade do signo" e "A analogia" que podemos perceber melhor o que De Mauro chama de "radical historicidade dos sistemas lingüísticos", referindo-se à concepção saussuriana presente no Curso (Saussure, 1968, p.420).

Por um lado, o signo lingüístico é imutável, na medida em que a língua não está sujeita à possibilidade de transformações gerais e repentinas, de revoluções, o que se explica, principalmente, pelo fator histórico da transmissão:

> o fator histórico da transmissão a domina totalmente e exclui toda transformação lingüística geral e repentina. (Saussure, 1975, p.86)
>
> difundida por u'a massa e manejada por ela, é algo de que todos os indivíduos se servem o dia inteiro. Nesse particular, não se pode estabelecer comparação alguma entre ela e as outras instituições. (Neste ponto, está discordando de Whitney, para quem a língua seria uma instituição social entre as outras.) As prescrições de um código, os ritos de uma religião, os sinais marítimos, etc., não ocupam mais que certo número de indivíduos por vez e durante tempo limitado; da língua, ao contrário, cada qual participa a todo instante e é por isso que ela sofre sem cessar a influência de todos. Esse fato capital basta para demonstrar a impossibilidade de uma revolução. A língua, de todas as instituições sociais, é a que oferece menos oportunidades às iniciativas. A língua forma um todo com a vida da massa social e esta, sendo naturalmente inerte, aparece antes de tudo como um fator de conservação. (ibidem, p.88)

Porém, o mesmo tempo que atua no sentido da conservação, da imutabilidade, exerce, por outro lado, uma influência contrária, aparentemente contraditória: a de levar a alterações, à mutabilidade.[9] Também nesse ponto, Saussure parece estar avançando considerações diferentes das de seus predecessores, uma vez que insiste no fato de que a alteração atinge o signo lingüístico como um todo, a própria relação entre significante e significado, e não apenas um desses elementos. É estranho que, diante dessas considerações, que destacaremos a seguir, ainda se possa ver, no Curso, a concepção de um signo lingüístico imutável:

> Sejam quais forem os fatores de alteração, quer funcionem isoladamente ou combinados, levam sempre a um deslocamento da relação entre o significado e o significante. (p.89)
>
> Uma língua é radicalmente incapaz de se defender dos fatores que deslocam, de minuto a minuto, a relação entre o significado e o significante. É uma das conseqüências da arbitrariedade do signo. (p.90)
>
> situada, simultaneamente, na massa social e no tempo, ninguém lhe pode alterar nada e, de outro lado, a arbitrariedade de seus signos implica, teoricamente, a liberdade de estabelecer não importa que relação entre a matéria fônica e as idéias. Disso resulta que esses dois elementos unidos nos signos guardam sua vida própria, numa proporção desconhecida em qualquer outra parte, e que a língua se altera ou, melhor, evolui, sob a influência de todos os agentes que possam atingir quer os sons, quer os significados. Essa evolução é fatal; não há exemplo de uma língua que lhe resista. Ao fim de certo tempo, podem-se sempre comprovar deslocamentos sensíveis. (p.90-1)
>
> A continuidade do signo no tempo, ligada à alteração no tempo, é um princípio de Semiologia geral..." (p.91)

Tanto no que se refere à característica de mutabilidade quanto à de imutabilidade, Saussure chama-nos a atenção, seguidas vezes, para o fator tempo. No primeiro caso, após arrolar várias possíveis causas da mutabilidade (caráter arbitrário do signo, multidão de signos, caráter complexo do sistema, resistência da inércia coletiva), enfatiza que, ao lado das forças sociais em ação, não se pode ignorar a ação do tempo, que se afirma como tradição, como herança de épocas precedentes. Mas, se o tempo age como peso de tradição, impondo certa fixidez à língua, age também no sentido contrário, alterando todas as coisas. Em princípio, essa noção de

9 É nesse ponto que aparece a nota de rodapé deixada pelos organizadores e que foi para nós um primeiro indício de que um pensamento dialético estava em jogo. O texto afirma que "pode-se falar, ao mesmo tempo, da imutabilidade e mutabilidade do signo", afirmação, para nós, perfeitamente compreensível dentro de um pensamento dialético. Ao tentar resgatar certa lógica, a nota torna-se mais paradoxal: "Pela oposição de dois termos marcantes, ele quis somente destacar uma verdade: que a língua se transforma sem que os indivíduos possam transformá-la. Pode-se dizer também que ela é intangível, mas não inalterável" (Saussure, 1975, p.89). A leitura dessa nota dá-nos a impressão de que a língua seria capaz de se transformar por si própria, como um organismo vivo, e podemos constatar, particularmente pela leitura do capítulo "A analogia", que não era essa a concepção de Saussure.

tempo parece bastante abstrata, da maneira como aparece no seguinte trecho:

> As causas da continuidade estão a priori ao alcance do observador; não ocorre o mesmo com as causas de alteração através do tempo. Melhor renunciar, provisoriamente, a dar conta exata delas, e limitar-se a falar, em geral, do deslocamento das relações; o tempo altera todas as coisas; não existe razão para que a língua escape a essa lei universal. (p.91)

Esse tempo, no entanto, torna-se mais real na parte que fecha o capítulo "Imutabilidade e mutabilidade do signo", uma vez que se combina com a ação da massa social. É uma apresentação bastante esquemática, mas que, no nosso entender, envolve uma concepção profunda da realidade lingüística em sua radical historicidade, adotando os termos de De Mauro.

A língua, como fenômeno semiológico, é de natureza social e depende de uma coletividade, de uma massa social para que possa existir. Em nenhum momento existe fora do fato social, mas também a massa social não existe propriamente fora dela: "Sua natureza social é um dos seus caracteres internos", ou seja, língua e massa falante são inseparáveis ("duas coisas inseparáveis" – Saussure, 1975, p.92).

Porém, ainda assim, não temos uma visão completa da língua, pois, intimamente ligada à coletividade, é vital, mas não viva: falta-lhe ainda a dimensão temporal e, com ela, a historicidade ("levamos em conta apenas a realidade social, não o fato histórico" – ibidem). Fora do tempo, a língua poderia ser vista como uma convenção facilmente modificável, sujeita à livre vontade dos falantes. O que impede que isso se dê é a ação do tempo que se combina com a da força social, agindo duplamente, tanto no sentido da alteração quanto no da conservação:

> A língua já não é agora livre, porque o tempo permitirá às forças sociais que atuam sobre ela desenvolver seus efeitos, e chega-se assim ao princípio de continuidade, que anula a liberdade. A continuidade, porém, implica necessariamente a alteração, o deslocamento mais ou menos considerável das relações. (p.93)

Percebemos que estamos diante de um pensamento que não é tão simples, nem, muito menos, ingênuo, quanto pode parecer à primeira vista. Nesse sentido, lembramos um dos princípios da fenomenologia: a convicção íntima de que estamos diante de uma realidade rica, embora de difícil acesso em razão de nossos preconceitos.

A sociedade não aparece como abstração postada diante do indivíduo (visão durkheimiana), nem o tempo é um tempo absoluto, que não entraria em cena para exercer influência sobre os fenômenos (visão newtoniana).

A sociedade está nos indivíduos (pois está na língua, e esta nos indivíduos – "tesouro depositado pela prática da fala em todos os indivíduos pertencentes à mesma comunidade" – p.21).

Além disso, a ação do tempo combina-se com a ação da massa social: as forças sociais atuam em função do tempo. A ação do tempo e o peso da coletividade aparecem como fatos inseparáveis:

> Se a língua tem um caráter de fixidez, não é somente porque está ligada ao peso da coletividade, mas também porque está situada no tempo. Ambos os fatos são inseparáveis. A todo instante a solidariedade com o passado põe em xeque a liberdade de escolher. Dizemos homem e cachorro porque antes de nós se disse homem e cachorro. (p.88)

Esse mesmo tempo que contribui para a fixidez também altera todas as coisas, como uma dimensão que se faz presente na massa social e, assim, na própria língua.

É o tempo como permanência: é porque a língua permanece que pode ser modificada. A permanência da massa social – que, em outros termos, significa a massa social em ação –, a permanência da língua e dos efeitos da massa social sobre esta língua propiciam que esta em parte se conserve intacta, em parte se modifique.

Essa ação conjunta do tempo e da massa social como elementos que fazem parte da própria dimensão da língua é que confere a radical historicidade dos sistemas lingüísticos.

O capítulo "A analogia" fornece mais elementos para compreendermos o dinamismo próprio dessa historicidade. É ali que vemos, com mais clareza, como língua e fala se relacionam, fornecendo uma à outra elementos de geração e de gênese, num movimento dialético que se insere no que se costuma denominar práxis.

A analogia aparece como um procedimento lingüístico que serve para contrabalançar os efeitos perturbadores dos fenômenos fonéticos próprios da diacronia. Estes, sendo parciais e acidentais, contribuem para "afrouxar os vínculos gramaticais que unem as palavras entre si" (p.187), ou seja, perturbam o equilíbrio lingüístico próprio desse "sistema de valores" em jogo. Vão, com isso, contra o princípio de economia desse sistema, levando a um acréscimo desnecessário de formas e ao obscurecimento do "mecanismo lingüístico": "por outros termos, na medida em que o arbitrário absoluto predomine sobre o arbitrário relativo" (ibidem).

A analogia supõe sempre a existência de um modelo regular na língua, que funciona como forma geradora. Como exemplo, temos no texto do Curso a criação ou gênese do nominativo honor, baseado na forma geradora orator: oratorem e que surgiu para corrigir a irregularidade propiciada pela mudança fonética de honos: honosem para honos: honorem.

Nesse sentido, a analogia é de ordem gramatical, pois supõe a consciência de uma relação que une as formas entre si, consciência esta que se encontra no domínio individual, do sujeito falante: é ele o responsável pela gênese de uma nova forma que poderá vir a ser generalizada e integrada à língua. Com base na compreensão da relação que une as formas geradoras – pertencentes à língua –, ele improvisa, cria uma forma nova, em princípio pertencente à fala. É assim que encontramos o seguinte trecho nesse capítulo:

> A analogia nos ensina, portanto, uma vez mais, a separar a língua da fala; ela nos mostra a segunda como dependente da primeira e nos faz tocar com o dedo o jogo do mecanismo lingüístico ... Toda criação deve ser precedida de uma comparação inconsciente dos materiais depositados no tesouro da língua, onde as formas geradoras se alinham de acordo com suas relações sintagmáticas e associativas. (p.192)

Se a fala depende da língua, isto é, dos elementos geradores que esta lhe fornece, é por meio dela, no domínio individual, que se dá a gênese de novas formas, inúmeras, umas que vêm a ser integradas à língua, outras que desaparecem.

É claro que podemos supor, também, estágios intermediários, em que determinada forma não pertença apenas ao âmbito individual, mas já seja razoavelmente generalizada, sem, contudo, vir a ser totalmente integrada à língua. Nesse sentido, fica difícil uma distinção tão nítida entre língua e fala e há um outro trecho do Curso, no capítulo "Relações sintagmáticas e relações associativas", que aponta para essa questão:

> Cumpre reconhecer, porém, que no domínio do sintagma não há limite categórico entre o fato de língua, testemunho de uso coletivo, e o fato de fala, que depende da liberdade individual. Num grande número de casos, é difícil classificar uma combinação de unidades, porque ambos os fatores concorreram para produzi-la e em proporções impossíveis de determinar. (p.145)

A historicidade dos sistemas lingüísticos aparece agora de forma mais dinâmica e mais detalhada, numa verdadeira práxis em que, à permanência de um sistema lingüístico que traz em seu bojo um caráter eminentemente social e histórico (esquematicamente apresentado como língua + massa social + tempo), acresce-se a ação do indivíduo. Este convoca elementos geradores do sistema, cria novas formas, que são candidatas à integração no mesmo sistema. Há um movimento dinâmico de geração, gênese e evolução. Mas essa evolução não significa apenas mudança, transformação. É, simultaneamente, conservação e alteração.

("Aqui revela sua natureza a vontade de poder: é o princípio da síntese das forças. Nesta síntese, que se refere ao tempo, é onde as forças voltam a passar pelas mesmas diferenças ou de onde se reproduz o diverso." – Deleuze, 1971, p.74)

É por meio dessa práxis histórica complexa que vemos em Saussure a superação da fenomenologia de Husserl com seu aspecto idealista. Além disso, como já mostramos anteriormente, o dinamismo dos sistemas lingüísticos no Curso provém, também, de sua dimensão semiológica, uma vez que há uma certa autonomia entre significante e significado, que são apresentados ora como elementos indissolúveis no interior do signo lingüístico, ora separadamente. Contrastivamente, a concepção husserliana não envolve essa relação semiológica: em vez disso, há isomorfismo entre expressão e significação, o que conduz a uma visão relativamente estática e intemporal da forma significativa.

O conceito de articulação, que é mencionado brevemente no Curso, sugere um universo lingüístico em produção: a articulação é constituição da língua, é produção de forma lingüística, geração do signo: "Poder-se-ia chamar à língua o domínio das articulações ... cada termo lingüístico é um pequeno membro, um articulus, em que uma idéia se fixa num som e em que um som se torna o signo de uma idéia" (Saussure, 1975, p.131).

A articulação pressupõe a existência de termos complexos e de agrupamentos. Assim, falar em produção de forma lingüística envolve essa consciência de que lidamos sempre com termos complexos e é com esse sentido que compreendemos estes trechos do Curso:

> A Lingüística trabalha, pois, no terreno limítrofe onde os elementos das duas ordens se combinam; esta combinação produz uma forma, não uma substância. (p.131)
>
> sendo a língua o que é, de qualquer lado que a abordemos, não lhe encontraremos nada de simples; em toda parte e sempre, esse mesmo equilíbrio de termos complexos que se condicionam reciprocamente. Dito de outro modo, a língua é uma forma e não uma substância... (p.141)
>
> Dito de outro modo, pode-se expressar a relação nacht: nächte por uma fórmula algébrica A/B onde A e B não são termos simples, mas resultam cada um de um conjunto de relações. A língua é, por assim dizer, uma álgebra que teria somente termos complexos. (ibidem)

Os termos implicados nesse imenso mecanismo já não são termos simples: pelo fato de estarem em relação – que se dá simultaneamente nos eixos associativo e sintagmático –, são necessariamente termos complexos. Usando termos de Husserl (1996, p.54), podemos dizer: "A ligação nada ligaria, se os conteúdos por ela ligados nada sofressem". Na língua só há formas, e não substância, pois nada pode ser considerado isoladamente.

Essa lógica, em que, ao se relacionarem, os termos se modificam, tornando-se, assim, complexos, é uma lógica dialética. ("o sentido de uma coisa é a relação entre esta coisa e a força que a possui, o valor de uma coisa é a hierarquia de forças que se expressam na coisa enquanto fenômeno complexo." – Deleuze, 1971, p.16)

Podemos, agora, em síntese, identificar as seguintes características na dialética saussuriana:

- coexistência de elementos contrários, dentre os quais consideramos: elementos negativos (diferenças) e positivos (distinções); eixo vertical (relação significante/significado) e horizontal (relação de signo a signo); arbitrariedade e necessidade; mutabilidade e imutabilidade (ou mudança e conservação). Esses elementos coexistem na fenomenologia do signo lingüístico ou, em outras palavras, na vida de uma língua, não havendo gênese a partir de um elemento negativo, nem síntese rumo a uma etapa superior. Em vez disso, presenciamos uma evolução fortuita, caótica;[10]
- práxis, em que o indivíduo participa da transformação (e da conservação) da língua, convocando elementos de geração e gênese. Nessa práxis, há um movimento dialético entre língua e fala, uma interdependência, uma alimentação mútua;
- dialética do externo e do interno, uma vez que a sociedade não aparece como determinação externa (determinismo social), mas como algo que existe no indivíduo;
- interdependência de todos os elementos constitutivos de uma língua; não há termos simples, uma vez que a própria relação faz que os elementos se modifiquem, tornando-se complexos;

10 Assim como Deleuze observa que Nietzsche opôs-se radicalmente à dialética hegeliana, da qual tinha certamente conhecimento, percebemos que Saussure também tinha conhecimento do pensamento marxista e buscava, propositadamente, uma lógica diferente. Isso fica claro na referência implícita que faz a "obras surgidas recentemente sobre essas matérias", isto é, economia política e história econômica (Saussure, 1975, p.94-5).

- chama a atenção o jogo dialético entre determinismo e indeterminação. O ser humano logra impor certa lógica, certa racionalidade (determinismo) a um sistema por natureza caótico (indeterminação);
- a dialética saussuriana é histórica e nela o indivíduo é produto-produtor, ativo-passivo. Sua participação, no entanto, não se dá de forma consciente, voluntária. É como se houvesse na natureza inerente ao ser humano uma busca de harmonia, de simetria, de regularidade, apenas;
- a dialética saussuriana é dinâmica. Seu dinamismo provém tanto de seu caráter temporal e sócio-histórico, quanto de seu caráter mais puramente semiológico, de constituição de forma lingüística.

Diante dessas características, podemos perceber que a dialética saussuriana difere da hegeliana e da marxista, uma vez que não há síntese de contraditórios, nem um movimento ascendente, evolutivo, rumo a uma etapa superior. Difere, também, como já pudemos constatar anteriormente, da dialética husserliana, pois esta carece do mesmo caráter dinâmico e histórico.

Podemos perceber proximidade entre Saussure e Merleau-Ponty, na medida em que ambos superam o caráter idealista da fenomenologia husserliana, considerando o homem em sua dimensão histórica e social. Além disso, a Dialética não aparece como uma síntese de contraditórios e, sim, como uma convivência de elementos contrários.

É nesse momento que também podemos sentir certa proximidade entre a dialética da afirmação e da diferença, presente em Nietzsche-Deleuze, e a dialética saussuriana, que envolve, como vimos, não só elementos negativos e diferenciais, mas, também, positivos e distintivos e onde, de toda maneira, os elementos negativos não têm aquela força de gênese da dialética presente em Hegel ou em Marx.

Chama, além disso, a atenção a presença de elementos fortuitos, caóticos, que fazem parte da história de uma língua, num movimento de vaivém entre o arbitrário e o necessário: "A ligeireza do que afirma, contra o peso do negativo; os jogos da vontade de poder, contra a ação da dialética; a afirmação da afirmação, contra a famosa negação da negação" (Deleuze, 1971, p.274).

Em todo caso, uma leitura do Curso pela ótica da Dialética vislumbrará um universo lingüístico dinâmico e em permanente transformação. Os elementos contrários que encontramos contribuem para essa mobilidade, para esse dinamismo. As oposições língua/fala, arbitrário/necessário, imutabilidade/mutabilidade, diferenças/distinções, significado/valor fazem parte desse universo dinâmico e constituem pólos entre os quais se movimenta o imenso "mecanismo da língua". Já a dupla sintagma/paradigma não forma exatamente pólos, pois não são propriamente elementos contrários, mas são como que "peças" necessárias para que esse mecanismo entre em funcionamento. São eixos. O mesmo se dá com a dualidade significante/significado, como partes integrantes do signo. Não há um movimento de vaivém entre essas partes constituintes da língua, mas são, de toda maneira, como tudo na língua, elementos dinâmicos, em contínua mobilidade e transformação.

Dentro dessa concepção, sincronia/diacronia são, como já apontamos anteriormente, duas abordagens diferentes desse universo em transformação. Não são características da língua. Não é a língua que seria sincrônica ou diacrônica. Ela pode ser vista por meio desses dois eixos, pelo eixo sincrônico ou pelo diacrônico, mas, em qualquer caso, estaremos sempre diante de um universo lingüístico dinâmico e em transformação.

Pela ótica dialética, vislumbramos um universo lingüístico vivo, dinâmico, atravessado pelo tempo e pela realidade sociocultural. Dionisíaco.

Sabemos que não é essa a leitura mais comum do Curso. Em vez desse dinamismo, fala-se na presença de um universo estático, imóvel, atemporal, pairando acima da sociedade e da história. Apolíneo. O dinamismo é substituído pela imobilidade; língua e fala passam a se antagonizar e a língua passa a existir, abstratamente, separada da fala. Significante e significado permanecem sedimentados de uma vez por todas dentro do signo. O signo seria apenas arbitrário, negligencia-se o movimento de vaivém entre arbitrário e necessário. Privilegia-se o significado estabilizado em detrimento do valor. O alcance dos eixos paradigmático e sintagmático é reduzido a definições técnicas, o "mecanismo lingüístico" fica travado, as engrenagens já não funcionam. A máquina emperra e a língua adquire uma dimensão metafísica.

É negada a necessidade da separação entre os eixos sincrônico e diacrônico – justamente porque se compreende que a sincronia envolveria imobilismo. Sugere-se que os dois eixos sejam estudados simultaneamente, uma vez que se supõe que só a diacronia pode conferir historicidade e dinamismo ao sistema lingüístico. Perde-se, com isso, a característica fortuita das mudanças diacrônicas e o dinamismo proveniente do jogo de vaivém entre arbitrário e necessário.

Além disso, deixa-se de vislumbrar a possibilidade de uma nova filosofia da história, filosofia esta que significa, entre outros aspectos, o reconhecimento de um movimento duplo, de conservação e de mudança, de uma tensão, que não conduz, de toda maneira, a nenhuma síntese, a nenhuma etapa superior.

Diante disso tudo, somos levados a concluir, contagiados pela própria dialética do pensamento saussuriano, que o Curso tem e não tem um sentido próprio. Tem, porque alguma verdade já se firmou a seu respeito, já se sedimentou, e não pode ser ignorada. Não tem, porque, por meio de múltiplas relações, pelo estabelecimento de novos diálogos, podemos atribuir a certos significantes ali presentes outros significados. À medida, porém, que esses novos significados lhe são atribuídos, não se apaga, instantaneamente, o que já se sedimentou a seu respeito. Assim como as inovações individuais que se dão na fala, essa nova leitura passa a existir como proposta, que pode ou não ser generalizada. Momentaneamente, é uma iniciativa isolada, embora, como sabemos, não seja a única.

Também a Dialética nos ensina a enxergar com dinamismo os dois elementos, Apolo e Dioniso, que vislumbramos no quefazer da ciência. Apolo, como a tendência à estabilização, à racionalização, à higienização, à estrutura; Dioniso, representando o novo, o diferente, o acontecimento. Os dois elementos, acreditamos, estão presentes no Curso e, também, no que denominamos ciência, quando a vemos de um ponto de vista fenomenológico, ou seja, como se dá efetivamente, de forma mista.

Percebemos, justamente, um jogo de vaivém entre acontecimento e estrutura, semelhante àquele que se dá, no sistema lingüístico, entre arbitrário e necessário. Como adverte Pêcheux (1970), há uma necessidade imperiosa de homogeneidade lógica, o que conduz a uma simplificação unívoca, à manipulação das significações que passam a ser estabilizadas, normatizadas. Assim, a ciência evolui (o que, segundo Thomas Kuhn, não significa o progresso rumo a um estágio superior, mas, apenas, a adoção de novos paradigmas, tão válidos quanto os anteriores) e isso não se dá apenas pelo avanço rumo a novas descobertas, mas também por um movimento de vaivém, entre acontecimento e estrutura. As novas descobertas tendem a ser normatizadas, estabilizadas, e disso temos prova, tanto pela recepção da obra de Saussure quanto pela de Marx.

O Curso, dentro da abordagem fenomenológica, apresenta-se como documento, como um retrato de como se dá essa estabilização, essa absorção do acontecimento na estrutura.

REFERÊNCIAS BIBLIOGRÁFICAS

AUSTIN, J. L. Le langage de la perception. Paris: Armand Colin, 1971.

______. How to do things with words. Oxford, New York: Oxford University Press, 1980.

BACHELARD, G. Le nouvel esprit scientifique. Paris: Presses Universitaires de France, 1958.

BAKHTIN, M. Marxismo e filosofia da linguagem. São Paulo: Hucitec, 1995.

BENVENISTE, E. Problemas de lingüística geral I. Campinas: Pontes, 1995.

BORGES, J. L. Obras completas. Buenos Aires: Emecé Editores, 1974.

BOUQUET, S. Introduction à la lecture de Saussure. Paris: Payot, 1997.

DELEUZE, G. Nietzsche y la filosofía. Barcelona: Editorial Anagrama, 1971.

______. Diferença e repetição. Rio de Janeiro: Graal, 1988.

DESCOMBES, V. Le Même et l'Autre: Quarante-cinq ans de Philosophie Française (1933-1978). Paris: Minuit, 1979.

FAUCONNIER, G. Espaces mentaux: aspects de la construction du sens dans les langues naturelles. Paris: Minuit, 1984.

FOUCAULT, M. As palavras e as coisas. São Paulo: Martins Fontes, 1992.

FREIRE, P. Pedagogia do oprimido. Rio de Janeiro: Paz e Terra, 1978.

______. Pedagogia da autonomia. Rio de Janeiro: Paz e Terra, 1996.

GODEL, R. F. de. Saussure's Theory of Language. Cahier Ferdinand de Saussure, n.38, 1984.
GREIMAS, A. J. Semântica estrutural. São Paulo: Cultrix, 1973.
HEIDEGGER, M. Conferências e escritos filosóficos. São Paulo: Nova Cultural, 1999. (Col. Os pensadores).
HUSSERL, E. Investigações lógicas. Sexta investigação. São Paulo: Nova Cultural, 1996.
JACKENDOFF, R. Semantics and Cognition. Cambridge (Mass.): MIT Press, 1983.
KUHN, T. S. A estrutura das revoluções científicas. São Paulo: Perspectiva, 1987.
LALANDE, A. Vocabulário técnico e crítico da filosofia. São Paulo: Martins Fontes, 1996.
LÉVI-STRAUSS, C. El pensamiento salvage. México, Buenos Aires: Fondo de Cultura Económica, 1964.
MACHADO DE ASSIS, J. M. Dom Casmurro. Rio de Janeiro: Ediouro, s.d.
MERLEAU-PONTY, M. Textos escolhidos. São Paulo: Abril-Cultural, 1984. (Col. Os pensadores).
PÊCHEUX, M. O discurso: estrutura ou acontecimento. Campinas: Pontes, 1970.
PESSOA, F. Obra poética. Rio de Janeiro: José Aguilar Editora, 1972.
PLATÃO. Diálogos. Universidade Federal do Pará, 1973. v.IX.
POS, H. J. Valeur et Limites de la phénoménologie. In: Problèmes actuels de la phénoménologie. Actes du Colloque International de Phénoménologie. Bruxelles, 1951.
SAUSSURE, F de. Corso de lingüistica generale. Introduzione, traduzione e commento di Tullio De Mauro. Bari: Laterza, 1968.
______. Curso de lingüística geral. São Paulo: Cultrix, 1975.
VANDELOISE, C. Autonomie du langage et cognition. Communications (Paris), n.53, 1991.
VYGOTSKY, L. S. Pensamento e linguagem. São Paulo: Martins Fontes, 1993.

SOBRE O LIVRO

Formato: 14 x 21 cm
Mancha: 23 x 43 paicas
Tipologia: Classical Garamond 10/13
Papel: Offset 75 g/m² (miolo)
Cartão Supremo 250 g/m² (capa)
1ª edição: 2002

EQUIPE DE REALIZAÇÃO

Coordenação Geral
Sidnei Simonelli

Produção Gráfica
Anderson Nobara

Edição de Texto
Nelson Luís Barbosa (Assistente Editorial)
Carlos Villarruel (Preparação de Original)
Armando Olivetti e
Ada Santo Seles (Revisão)

Editoração Eletrônica
Lourdes Guacira da Silva Simonelli (Supervisão)
Luís Carlos Gomes (Diagramação)